LO QUE ME DIJO
MI PADRE

LO QUE ME DIJO MI PADRE

JORGE BONILLA ORDÓÑEZ

PUBLICADO POR EDITORIAL MISIÓN

Copyright © 2025 por Jorge Bonilla Ordóñez

Primera Edición: Marzo 2025

ISBN Tapa Blanda: 978-1-958677-44-5

Para obtener más información, envíe un correo electrónico a info@editorialmision.com

Editorial Misión publica libros simples y útiles con la intención de transformar vidas con su mensaje. Editorial Misión ofrece un proceso sencillo para permitir que los autores puedan escribir y publicar un libro, sin la molestia y el compromiso del tiempo normalmente asociado con definir, estructurar, escribir, corregir, editar, diseñar, publicar y promover su obra.

¿Tiene usted la idea de escribir un libro que transforme vidas?
Visite: www.EditorialMision.com para más detalles.

MISIÓN

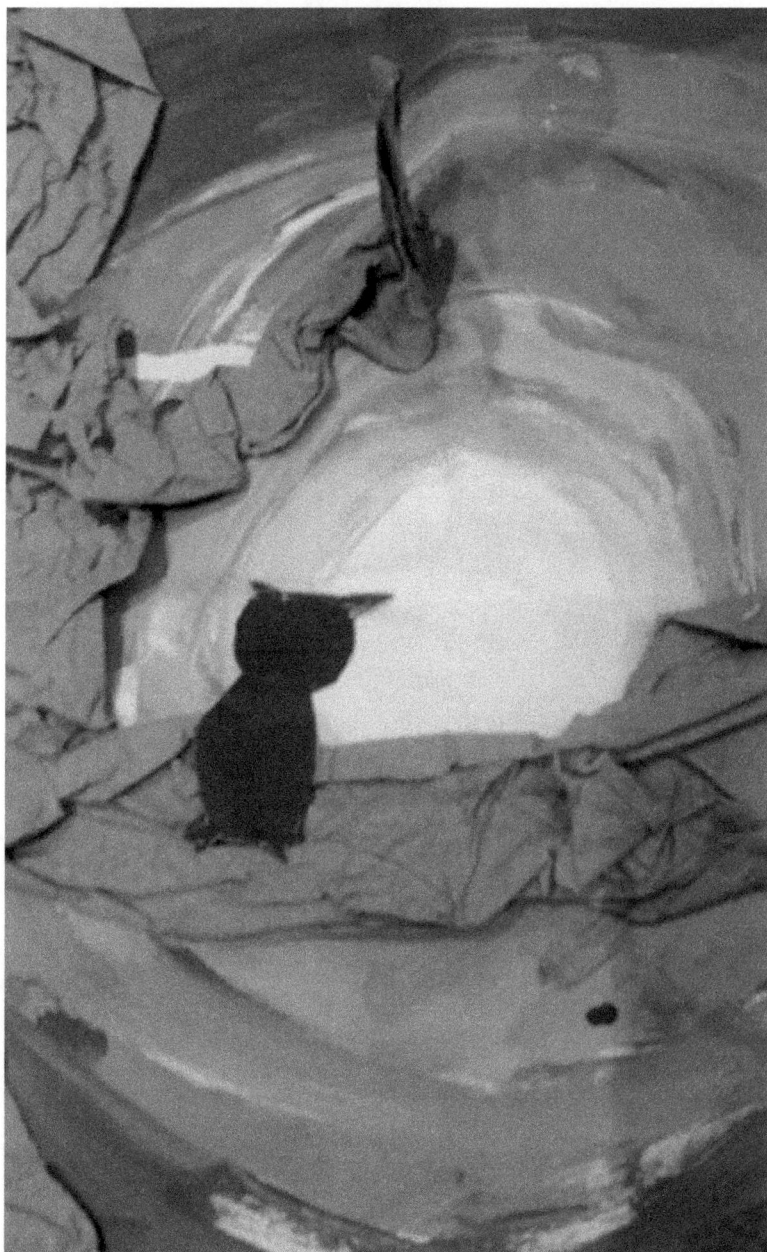

Ilustración de portada: Lucas Alejandro Bonilla Otero

A mi padre, Hugo
A mi madre, Marina
(Una luz en el camino)

ÍNDICE

PALABRAS DE GRATITUD

Dios y la vida me regalaron el privilegio de poner, siempre en mi camino y en el momento preciso, a las personas correctas.

Este libro no pretende alcanzar cimas de ninguna índole; solo anhela ser un humilde homenaje de gratitud a todas aquellas personas que se cruzaron por mi sendero para aligerar la carga.

Desde el primer rayo de luz con mis padres, esa luz que alumbró el camino; Carmen, la persona que guió mis primeros pasos físicos y emocionales, quien quizás fue quien alimentó mi fantasía y me hizo versificador; todas las personas que, de una u otra forma, me ayudaron a prepararme para encontrar el amor definitivo; todos aquellos cómplices, amigos y compañeros que fueron llegando a las aulas de la escuela, el colegio y la universidad, principalmente los del Patrón Mejía, quienes tienen un lugar especialísimo en mi corazón; mis hermanos, mis hijos, mis nietos y la mujer que me hizo persona y padre, que con su presencia me hace cómoda y agradable esta vida.

Ellos son la razón de este libro.

JORGE BONILLA

LO QUE ME DIJO MI PADRE

Fue un hombre recto, muy severo,
un soldado del honor y la verdad;
trazó a sus hijos los mejores derroteros
y sembró en sus almas dignidad.

Fue la honradez su dorado mandamiento,
me yergo ufano al pronunciar su nombre;
es, después de Cristo en mi convencimiento,
el más importante de los hombres.

Pues es mi viejo quien me guía en mi destino,
a ser padre y esposo me enseñó con alegría;
fue una luz esplendorosa en mi camino,
no concibo mi existencia sin su guía.

Fue el mejor de todos los abuelos,
regaló a mis hijos su tiempo y su saber;
ellos guardan su memoria con respeto y celo,
y su amor aún lo llevan en la piel.

Me heredó el placer de la lectura
y el amor a la patria sin dobleces;
me dijo que el humano, ni en la holgura,
debería lapidar sus intereses.

Siempre un dicho, una máxima, un refrán
acompañaban sus sabias enseñanzas;
quisiera, fielmente en mi afán,
recordar lo que atesora mi añoranza:

"Del hombre, ser libre es su meta,
y esa meta será la de tus hijos;
dales libertad para que encuentren la receta
de avanzar sin ti con pasos fijos.

Que moldear sus espíritus sea tu culto,
y hazlo siempre con singular cariño;
que se evita el castigo de un adulto
cuando se educa con valores a los niños.

Ellos quieren más ejemplos que consejos,
más que crítica necesitan una guía;
es por eso la grandeza de los viejos,
que les regalan amor, sabiduría.

Un hijo es un obsequio en la existencia,
procura, con tu tiempo, ese regalo devolver;
hazle entender que vivir es una ciencia
y que el hogar es la escuela del deber."

No le pidas a Dios carga liviana,
sino fortaleza para poderla soportar;
nunca te impongas, tu voluntad no es soberana,
y lo impuesto se llega a rechazar.

Si alguien quiere que lo escuches, nunca opines,
solo pide que lo quieran escuchar;
abre tu boca con los mejores fines,
que lo que mal dices alterará tu paz.

A la risa, como al llanto,
no interrumpas si no cabe la ocasión,
que a toda ave, en esta creación,
le gusta escuchar su propio canto.

Si eres rico, no en extrema pobreza,
criarás a tu familia, y por seguro
les brindarás espiritual riqueza
y el valor de cada cosa en el futuro.

Sé paciente, solidario y tolerante;
frente al prójimo, no te importe su pecado,
que el amor es el camino que, al instante,
te lleva a Dios, al Edén deseado.

Son los libros los mejores consejeros,
y el amigo es el hermano que te acoge;
si los dos han de ser tus compañeros,
que sean pocos, pero buenos los que escoges.

El propósito de leer no es saber más,
ignorar menos es la lógica y la clave,
pues hay en el saber una verdad:
que el que sabe a medias, nada sabe.

El dueño de sus actos disfruta la calma,
la serenidad es virtud del elegido;
son los que alcanzan armonía en su alma,
son los que dejan la injuria en el olvido.

Reconozcamos errores y defectos
para entender a los demás con convicción;
si nuestro propio sendero nunca es recto,
es un ir y venir de problema y solución.

El hombre justo, como buen humano,
reconoce sus fallas sin rencores,
no como el déspota, el tirano,
que culpa a otros de todos sus errores.

A veces somos como aves asustadas,
que a una rama se aferran con firmeza;
necesitamos que alguien corte la enramada,
para volar y salir de la maleza.

Dile al ser que amas que lo amas,
y hazlo cuando tu pecho grita y arde;
no es eterna en el corazón la llama,
y mañana puede ser que sea tarde.

El fruto es la cosecha que disfrutas
de esa siembra que hiciste en el pasado;
la naturaleza no te da ninguna fruta,
si alguien esa fruta no ha sembrado.

La oportunidad en la vida no se espera,
hay que ir, sin tardar, en busca de ella;
sin sentirla, a veces, pasa a nuestra vera,
y el triunfo se nos va sin dejar huellas.

El odio es corrosivo sentimiento,
el alma lo alberga en agonía;
el que odia no disfruta ni un momento
de paz, de gozo, de armonía.

En ocasiones, el infortunio o el fracaso
positivos pueden ser en la existencia;
te ofrecen un criterio, una evidencia
de cuándo cambiar el rumbo de tus pasos.

Si sin ejemplo se aconseja a los amigos,
hay que decir, pasando ese mal trago:
"Repite y haz lo que bien digo,
y no lo malo que yo hago".

Por muy difícil que sea tu sendero,
siempre hay un escape, una salida;
mas recuerda también que, en esta vida,
no hay metas sin esfuerzo verdadero.

Esas espinas que marcan como el fuego
deben ser de un logro el aliciente,
y avanzar, aunque el avance sea ligero,
y aunque tenga que avanzar contra corriente.

Del hombre, aunque quedes sorprendido,
hay que escuchar su verdad en lo que calla;
no hagas del diálogo una verbal batalla,
sino un aprendizaje en un silencio compartido.

Para volar surcando las alturas,
el amor tiene alas como el viento,
porque el amor más real y cierto
es aquel que se da sin ataduras.

Pues ese amor descansa en la confianza,
en la sincera intención de los amantes,
que no requiere de pruebas ni garantes,
solo requiere de amor y de esperanza.

La caminata del hombre es menos dura
cuando es la educación su gran motivo;
así como la planta se alimenta del cultivo,
la mente se alimenta de cultura.

Aniquilan y golpean, alma adentro,
de los seres amados, las partidas;
pero es verdad que, en cada despedida,
hay un motivo también de un nuevo encuentro.

Una discusión siempre la gana
aquel que la elude por sistema;
el insulto, el golpe, la anatema,
a nadie otorga poder, razón o fama.

Tiene que demostrar lo dicho quien pondera
de virtudes, principios y valores;
pero a quien reconoce sus errores,
nadie le pide que muestre su bandera.

Si, por amor, de dolor tu alma grita
o te coloca en un Edén eterno,
verás que, para conocer la gloria o el infierno,
el hombre morir no necesita.

El que da debe dar sin intereses,
entendiendo la necesidad de las personas;
el regalo sin amor la dignidad lesiona,
y quien da con amor dará dos veces.

Desde el nacer, la vida es un proyecto
que tiene que regirla quien la vive;
es tu historia y tú eres quien la escribe,
y eres tú quien escoges el trayecto.

Hay en la vida caminos muy curvados,
y hay otros rectos que tenemos que elegir;
pero más vale morir pobre, pero honrado,
que rico y con deshonra mal vivir.

Si no quieres ladrones en tu hogar,
no lo llenes de pompas y tesoros;
de los metales preciosos, es el oro
el imán para quien va a robar.

Con insultos, los insultos contestar
es apagar con fuego los incendios;
solo los necios, los tontos, los soberbios
no logran su ira controlar.

Las respuestas amables la cólera dominan,
una palabra áspera enciende los sentidos;
el necio colérico no imagina
que se entrega atado a su enemigo.

Si dolor y sufrimiento se padece,
madurez en el ánimo palpita;
el espíritu y el oro se parecen,
para moldearlos, del fuego necesitan.

Siempre oye de mayores los consejos,
sobre todo en amores y distancias;
habrás visto en todas las instancias
quienes mantienen un amor de lejos.

Aunque no existen mejores ni peores,
hay sentimientos que rebajan los niveles;
los humanos serán siempre inferiores,
si son sus almas a la envidia fieles.

Todos los sueños que jueguen en tu mente,
con decisión y esfuerzo se hacen ciertos;
pero ninguna meta se alcanza fácilmente,
aunque un oasis siempre habrá en el desierto.

Si la cima aún no has alcanzado,
no declines en tu intento de ascender;
jamás desandes lo que ya has andado,
si aún la meta no has llegado a obtener.

El recorrido por la vida es como un viaje,
donde cada parada tiene su valor;
hay que pagar por la dicha y el dolor,
tenemos que abonar nuestro pasaje.

Jamás permitas que un amigo
se retire de tu lado con dolor;
a la amistad dale calor, dale tu abrigo,
que es igual de importante que el amor.

Es más libre quien menos necesita,
es esencial ser feliz con poco;
quien mucho aspira es insensato, loco,
a quien la vanidad condena y esclaviza.

Sacar de la oscuridad al ignorante
es suprema obligación de quien más sabe;
en las acciones a favor del semejante
es donde los títulos de nobleza caben.

Las heridas que en el alma queman
son preseas que la vida te regala;
no las escondas, haz de ellas gala,
aunque no haya en ellas ni color ni seda.

La vida es tan corta, es un suspiro,
aunque a veces sientas que los días son largos;
en la ruleta no la juegues en un tiro
si no quieres saborear días amargos.

Nunca pienses lo que muchos atesoran,
que no se enamoran porque ya están viejos;
si ves sus vidas reflejadas al espejo,
envejecen porque ya no se enamoran.

Para un hombre, el tesoro más preciado
debe ser, por siempre, su familia;
todo el tiempo que le des no es demasiado,
debe ser permanente su vigilia.

Cuando el mundo sea hostil con tu persona
y no encuentres ni una sombra ni una guía,
si sientes que todos te abandonan,
busca dentro de ti tu compañía.

Las caídas no serán nunca importantes
a través del tiempo y de los años;
lo que importa es que siempre te levantes
y que nunca, al caer, te hagas daño.

No malgastes tu vida en vanidades,
no rompas de tu destino la cuerda;
el insignificante se enreda en veleidades,
que a nadie le interesan ni recuerdan.

Tu camino será un camino abierto,
si el sentido común guía tus pasos;
con él siempre llegarás a buen puerto
y eludirás errores y fracasos.

El buen humor, y que sea inofensivo,
te ayudará a vivir con alegría;
mas el dolor te brindará motivos
para ayudar a superarte cada día.

Para llegar a la dicha no hay camino,
la dicha es el camino recorrido;
la felicidad no tiene metas ni destinos,
son pequeños momentos compartidos.

Siempre presente tu gratitud y buen trato,
lleva, cual sello, tu gentileza por delante;
desecha al orgulloso y al ingrato,
ni seguirlos, ni imitarlos ni un instante.

Es una marca nefasta, negativa,
la que lleva en su espíritu el ingrato,
que vive con su figura altiva,
sin compasión, sin vergüenza, sin recato.

La amistad es responsabilidad constante,
es luchar por merecer esa amistad;
el amigo es aquel que ayuda a superarte
e iluminará con su luz tu oscuridad.

En verdad, nunca se hacen los amigos,
se van reconociendo por la senda;
serán de tus triunfos y fracasos los testigos,
serán los que siempre te comprendan.

El que sabe que puede dar la mano
y no la da, es cobarde por su gusto.
Antes que generoso, prefiere ser muy justo,
y antes que justo, prefiere ser humano.

La mano siempre abierta debe estar
para apoyar a quien lo necesite;
llena de amor tu mano al dar,
con odio ni la cierres ni la agites.

A la juventud, por sistema, en ocasiones,
la llenamos de preguntas, y se inquieta,
sin recordar, con razón y sin razones,
que tampoco sabíamos las respuestas.

Si quieres avanzar grandes distancias,
ve a paso lento y a menudo descansar;
acelera solo ante la vagancia,
que la pobreza alcanza su lento caminar.

El que adula con exceso no es amigo,
moneda corriente es la adulación;
ese amigo que hoy te compra con su mimo,
mañana te venderá con su traición.

El hombre que no sabe y cree que sabe,
solo merece ser ignorado con desprecio;
elúdelo con pasión, en tu vivir no cabe,
es el más peligroso de los necios.

Si quieres llenar de paz tu vida,
nutre tu espíritu siempre con paciencia;
si miras bien la palabra definida,
paciencia es solamente paz y ciencia.

La paciencia dota de fuerza al ser humano,
lo que se hace lento alcanza beneficio;
que tu esfuerzo, por la prisa, no sea en vano,
la prisa solo produce desperdicio.

El juez, si es justo, debe ser benigno;
en ello radica su valiosa potestad.
La benevolencia es el supremo signo
de que su justicia es justicia, no crueldad.

Hay un momento correcto para hablar,
para callar, más correcto todavía;
el necio habla fuera de lugar
cuando el silencio es sabiduría.

Las flores, a su tiempo, nos contentan
y son ellas un signo de hermosura,
pero, bellas y suaves, no alimentan,
y, como sueños de infante, poco duran.

Por ser honesto nunca te arrepientas,
es la virtud, quizá, como ninguna;
lo que ganes en forma deshonesta,
a la larga, te cuesta una fortuna.

Que nadie fije la teoría o la creencia
que en la lógica y el sentido cuadre;
el saber no es legado ni es herencia,
nadie es sabio por lo que sabe el padre.

A las bocas de verdad solo les crecen,
cual hierbas, al costado, las inquinas;
la verdad y la rosa se parecen,
porque ambas tienen sus espinas.

Un secreto hay que guardarlo como el oro,
y en el alma estará siempre guardado;
aunque dicen que ni el pecado ni el tesoro
jamás quedarán bien enterrados.

Así, con el dolor y la dicha en una instancia,
un alma se eleva y se ilumina;
la escasez, igual que la abundancia,
son, a veces, la causa de la ruina.

El ahorro de un real es el inicio
de un tiempo de calma, de riqueza;
pues, apenas con un mucho y dos poquitos,
se puede salir de la pobreza.

Aquel que duerme demasiado,
muy poco aprende en el día a día;
así como el que habla hasta el pecado,
tropezará con sus palabras por la vía.

El honor es esencial al buen vivir,
para sobrevivir, importante es el dinero;
si alguna vez entre los dos hay que elegir,
que sea el honor siempre el primero.

A veces tenemos que sortear
que, para mal saber, es mejor no conocer;
cuando saber consiste más en ignorar
aquello que no vale la pena saber.

La pobreza no es motivo de vergüenza,
a pesar de incómoda, es muy noble;
pero elúdela como un sistema de defensa,
porque al pobre todo le cuesta el doble.

El mérito de dar solo consiste
en anticiparse a la acción de un pedido,
porque el pedir siempre es muy triste;
quien pide ya está humillado y ofendido.

Los orgullosos y envidiosos forman parte
de un grupo sin casta, oscuro, inmundo;
pues, si la envidia y el orgullo fueran arte,
habría muchos artistas en el mundo.

Del decir las cosas, la clave
impide tropiezos y deslices;
mientras unos dicen lo que saben,
otros saben lo que dicen.

Cuando el hombre su hablar mengua,
alcanza de su armonía el mando,
porque el hombre se oculta tras su lengua
cuando aprende a hablar callando.

En la tristeza, igual que en la alegría,
escoge bien con quién compartirás;
olvidarás con quién reíste un día,
pero con quién lloraste, jamás.

Si con dinero se compra la confianza
y también ese cariño verdadero,
oscilan desconfianza y desamor en la balanza
cuando los dos se compran con dinero.

El orgullo es antifaz con que se ocultan
todos los vicios y todos los errores,
porque en la cima del orgullo no se juntan
virtudes, principios y valores.

Al hombre que se disculpa con templanza,
nadie se atreve a ofenderlo nuevamente;
en un noble corazón nunca hay venganza,
es como un río que no detiene su corriente.

No dejes estas palabras en el viento,
son esenciales para todo hombre;
tómalas como consejo o mandamiento,
el hombre vale, si vale su nombre.

Aquel que es desconfiado y muy celoso
vivirá siempre al filo del abismo;
sin calma, sin paz y sin reposo,
será su vida un constante cataclismo.

El hambre, como el tiempo, es un maestro,
puede agravar y corregir todos los males;
ubica a todos en su álgido momento,
doma y adiestra hasta los animales.

Todo aquello que muy fácil te llegó,
de tu lado se irá muy fácilmente;
así, lo que aprender mucho costó,
no se va muy fácil de la mente.

Hay muchos que piensan que el dinero
todo lo puede, que todo lo hace cierto;
son aquellos de espíritu muy ciego,
aunque tengan los ojos muy abiertos.

Quien ambiciona bienes materiales,
su espiritual pobreza solo enseña;
el que abandona los reinos terrenales,
de sus arcas no se lleva ni una seña.

El cometer errores tiene un precio,
de experiencia es divina fuente;
insistir en ellos es cosa de necios,
y aprender de ellos, del prudente.

La fuerza y la razón nunca han logrado
convivir en paz y en comunión;
jamás la razón la fuerza ha usado,
y la fuerza rechaza la razón.

Nada enseña mejor que el desengaño,
incluso más que el tiempo que calcina;
y más que aquel que vive muchos años,
sabe aquel que las distancias camina.

No es pobre aquel que tiene poco,
sino aquel que ambiciona sin medida;
el que habla de riquezas es un loco,
si lo hace a quien nada tiene en esta vida.

Hay seres egoístas con estrecha frente,
como el gallo en su obsesión y encanto;
piensan que el sol, en las mañanas, solamente
apurado sale para escuchar su canto.

Y hay otros, orgullosos y hasta impíos,
que van por la vida profiriendo agravios,
que, como el burro, creen que porque cargan libros,
son genios, únicos y sabios.

Lo que puedas, solo has de comprar,
si un día no quieres vender hasta tus medias;
el fuego que no puedas apagar,
nunca lo enciendas y evitarás tragedias.

Como plaga, elude la ignorancia;
el ignorante es ruidoso, sin sentido;
el vaso que más tiene resonancias
es aquel que siempre está vacío.

El que malos hábitos adquiere
es igual que quien no mira adelante;
no tendrá paz, ni progreso ni un instante,
y del hábito será esclavo hasta que muere.

La humildad, siendo débil y sin fuerza,
de hilos muy livianos construida,
es la que sostiene la grandeza,
la que encadena la gloria de la vida.

El agua no se adhiere a la montaña,
baja rauda, violenta y sin freno;
así, las venganzas y las sañas
no se adhieren al corazón de un hombre bueno.

No es suficiente, a menudo, la hermosura,
si a la vida en soledad se asoma;
la belleza no convence sin cultura,
es como flor hermosa sin aroma.

Aquel que en la ignorancia se consume
es un ser saturado de cinismo;
quien menos sabe es siempre quien presume,
y es el peor enemigo de sí mismo.

El que con mal ajeno goza,
el mismo mal se le revertirá;
el que cava para otro una fosa,
a la larga, en ella caerá.

Los miedos y temores del cobarde,
al peligro lo conducen, sin sorpresa;
el que huye por costumbre, alguna tarde,
con lo que quiere evitar tropieza.

Toda experiencia positiva es larga,
a veces llena de llantos y de luto;
la paciencia misma es muy amarga,
pero, al final, es muy dulce el fruto.

La verdad es verdad, nada la asedia,
servirle fiel te pagará con creces;
pero decir una verdad a medias
es peor que mentir dos veces.

El honor es templo a la verdad,
luchar por ella es noble gesta;
nadie más lejos de la verdad está
que aquel que sabe todas las respuestas.

Para hablar y actuar se usa la razón
y así poder por la vida caminar;
las necedades que hacemos tienen solución,
mas esas que decimos no se pueden remediar.

Si una cosa ya pasó,
déjala en el pasado,
que nadie jamás recogió
el agua que se ha regado.

Al que la ira domina es inconsciente,
no controla su violencia, su anatema;
para atacar, lanza un carbón ardiente,
sin saber que es aquel el que se quema.

A través de la historia hay la pregunta:
¿por qué existen los escudos, las espadas?
Y los siglos, al responder, se juntan
por culpa de justicias mal logradas.

Desfila el tiempo, desfilan las fechas,
los días son baratijas de oropel;
el que jamás el tiempo aprovecha
se queja siempre de la falta de él.

Todo esto y mil cosas más me dijo
el hombre que me guió desde la cuna;
mi privilegio es saber que soy su hijo
y que, con solo esto, me ha legado una fortuna.

MADRE

Me llevaste en tus entrañas tantos días,
hoy yo te llevo en mi dolor profundo;
fuiste aquella vez mi mediodía,
y hoy, madre, eres tú mi entero mundo.

Y es que, cuando empiezo a meditar
en la vida, lo triste y la amargura,
puede mi mente tu imagen divisar,
que se eleva impoluta hasta la altura.

Eres mi Dios, mi religión, mi credo,
aunque de ateo tú me califiques;
pero, en mi desgracia, concebir no puedo
que un ser omnipotente y bueno existe.

Esta duda mi existencia eclipsa
y la arrastra lentamente hacia el ocaso;
si hay gloria, la encuentro en tus caricias,
pues solo creo en el cielo de tus brazos.

ADORADA EVOCACIÓN

Todo llega al que espera, me decía
mi santa madre, con brotes de ternura:
"No desesperes, ten calma, prenda mía,
no busques ilusiones prematuras."

Tarda en venir la dicha que anhelamos,
mucho esperé para traerte al mundo;
junto a tu padre, con paciencia te esperamos,
para formarte luego con amor profundo.

Así, con ese amor tan santo, compartía
mis esperanzas, mis ilusiones vanas;
todos mis llantos y penas entendía,
por eso es mi hoy, mi ayer y mi mañana.

A MI MADRE

Desde esta distancia, que apurar no puedo,
te escribo estas líneas de dolor,
para decirte, madre, con espantoso miedo,
que ya murió ese grandioso amor.

Ya nada queda de lo que ayer forjé,
fueron mis horas existencia no vivida;
todo fue un sueño del que, llorando, desperté.
¡Ay, qué negra pesadilla fue mi vida!

Perdona, madre, si mi pluma te lastima
con estos trazos del corazón herido,
pero he caído bruscamente hasta la sima,
donde ya mis sueños y anhelos son perdidos.

Si por tu amor maternal te he lastimado,
no ha sido mi intención, tú lo sabrás;
yo he de darte, en vez de mi pasado,
un cristalino futuro al que amarás.

EN EL DÍA DE LA MADRE

Quiero en este día, con amor, cantar
a la mujer que nos brinda su desvelo,
que con ternura nos mostraba el cielo
cuando sus brazos nos pudieron arrullar.

Al símbolo de Dios sobre la tierra,
a la mujer a quien debemos adorar,
a quien la bondad en su pecho encierra,
a quien puede nuestras penas aliviar.

Y aunque el dolor su ser taladre,
jamás sus caricias nos negó;
a esa mujer a quien llamamos madre,
a ese ángel de amor le canto yo.

VEN, DOMINGO...

Ven, domingo, que en sueños quiero besar
la frente nívea de mi madre santa,
que de mi infancia y juventud supo velar
con infinito amor y con ternura cuánta.

Contigo el mundo de bondad se baña,
eres emblema de sacrificio y de cariño;
es el día de quien nos tuvo en sus entrañas
y de dicha llora si nos tiene en su corpiño.

Hoy clamo por ti, domingo doce,
ven a arrancar del mundo su dolor;
ven, domingo, y que todo el mundo goce
un día siquiera libre de rencor.

DESOLADA AUSENCIA

Sabes, madre, que hace tiempo que no existe
paz y sosiego en mi alma adolorida;
quedó tu casa desolada y triste,
si la dicha se fue con tu partida.

Yo pensaba que el dolor, el desengaño,
eran pasos transitorios de la vida;
llevo una pena que dista más de un año,
y solo tú puedes cerrar mi herida.

Ven, señora, a salvarme del abismo,
que tiende la pena ante mis ojos;
tu larga ausencia es tormenta, es cataclismo,
ven a arrancar de mi pecho los abrojos.

A LA DISTANCIA

Mujer de mi alma, te llevaste mi alegría,
y en cambio me has dejado esta tristeza;
sabes bien que no la conocía,
y hoy se aferra, devorando mi cabeza.

Extraño siento el llanto de mis ojos,
jamás había llorado por tu ausencia;
contigo soportaba la vida con arrojo,
sin ti, siento amarga mi frágil existencia.

¡Ay, mis ojos, cuánto llanto han derramado!
La vida es un desierto, madre mía;
por él, largo trecho he caminado,
y no encuentro lo que busco todavía.

A la distancia te escribo mi pesar,
recíbelo y sé el oído de mis penas;
yo quisiera este lamento terminar,
si es dolor lo que circula por mis venas.

MELANCOLÍA

Un año ya sin verte, madre mía,
parece un siglo que batallo con tu ausencia,
un siglo de dolor, pesar, melancolía,
que lacera, que calcina mi existencia.

Aún recuerdo el día que partiste,
lloraba cual infante abandonado;
guardo el beso postrero que me diste,
como el beso más puro y más sagrado.

Sin ti, todo miro en penumbras y desierto,
todo encuentro sombrío y desolado;
ya nadie riega los años de mi huerto,
ya toda mi ilusión se ha marchitado.

Por ello, madre, si algún día me ofreciera
el gran Dios una gracia concederme,
para poder en la vida mantenerme,
verte a ti por siempre le pidiera.

SUS BRAZOS

Cuando llegué a la vida, sin rumbo, sin destino,
cuando los ojos abrí por vez primera,
me esperaba una mujer de brazos purpurinos,
y desde entonces me dio su existencia entera.

Los días pasaron cual ágiles corceles,
sus trotes sorprendieron mis fugaces pasos;
sus horas coparon de mi vida los vergeles,
y seguían conmigo los lapidarios brazos.

Esos brazos fueron la tumba de mis penas,
allí iba a cobijar mi fe perdida;
en esos brazos, de albura de azucena,
nacían las dichas más grandes de mi vida.

VERSIFICANDO VERSOS

JORGE BONILLA ORDÓÑEZ

A mi compañera, Mariana
(El Camino Mismo)

PRELUDIO

Hubiese querido que los versos de este pequeño libro, en lugar de leerlos, el lector los pudiera sentir, porque fueron los que más sentimientos derramaron. Son muy pocos, porque sufrí la pérdida de una gran cantidad de mis versos, fruto de tres décadas de sentimientos.

Por eso, *Versificando versos* y *Líneas perdidas* no tienen la cantidad de versos que deberían tener. Lo más doloroso es que, en esos versos perdidos, se reflejaban mis estampas de esposo y padre, los versos dedicados a las personas más importantes de mi existencia.

Sin mi esposa, mis hijos y mis nietos, no hubiese podido existir. Ellos son los forjadores de mis sueños; todos, en un conjunto global, son el diario impulso en mis faenas. Son las personas que más me quieren y a quienes yo más quiero.

Por eso mi pena es mayor, porque mi anhelo era rendir un homenaje de gratitud a todos quienes coincidieron en la estación de la vida conmigo, y más aún, a quienes saturaron mi vida de amor y tranquilidad.

Desde que conocí a mi compañera, se me olvidó llorar.

JORGE BONILLA

COMPAÑERA

Solo y sombrío, en mi existencia lacerada,
enjugando mis mórbidos pesares,
iba rodando sin destino en mi jornada,
sin encontrar eco a mis íntimos cantares.

Tantas veces mi clamor, en vano,
se elevó buscando utópicos consuelos;
sin causa fueron mis trémulos desvelos,
fui presa inerte del contagio humano.

Mas apareciste cual sombra prodigiosa,
en esa hora solitaria y desolada;
vi reflejarse tu alma candorosa
en la tierna y dulce luz de tu mirada.

En el camino promisorio y floreciente,
me encuentro hoy a tu regazo cobijado;
mi fervoroso anhelo es que logres, tiernamente,
cambiar el rumbo de mi mísero pasado.

DOS MUJERES

Dos mujeres en mi vida con un nombre,
dos mujeres, ellas son mi luz, mi cielo;
la primera me dio el ser y es mi consuelo,
y la otra me dio amor y me hizo hombre.

Una fue el abrigo de mi infancia,
la otra es la que redime mis pecados;
ellas riegan en mi mundo la fragancia,
ellas forman mi presente y mi pasado.

Dos mujeres que idolatra el alma mía,
cuyos nombres, para mí, son himno de gloria;
me inició una con ternura por la vía,
y aferrada está la otra con mi historia.

Me ofreció la una el privilegio de la vida,
me da la otra del amor dulces placeres;
una hizo de su vientre mi guarida,
y sembré en el otro vientre amaneceres.

Ellas brillan en mi mundo cual estrellas;
creo en Dios, con sus presencias me bendijo;
«madre» aprendí a decir por una de ellas,
por la otra siento orgullo al decir «hijo».

PENSANDO EN TI

A veces, sin sentirlo, mi pensamiento vaga
por las inquietas regiones del ayer;
de orgullo me estremezco, mi espíritu se halaga,
sabiendo que hoy me entregas tu vida y tu querer.

Y llega a mi memoria aquel dulce momento,
de aquel beso primero, que fue mi despertar;
yo puse toda mi alma, se fueron los tormentos,
y desde aquella noche se me olvidó llorar.

Me diste lo anhelado, tu vientre generoso
para mí hizo el milagro de la procreación;
los llantos infantiles se plasmaron en gozo,
encontrando mi vida la fe y resurrección.

Pusiste en mi sendero, desde el primer instante,
mis metas y valores, que tu alma acarició;
mi esfuerzo y ambiciones, mis sueños de gigante,
a ti te pertenecen, tu mano los sembró.

Tan solo yo quisiera que, al paso de los años,
plateados los cabellos y el cuerpo ya vencido,
mirar a nuestros hijos logrados, sin engaños,
y el plazo inexorable se cumpla, pero unidos.

UNA ETERNIDAD

Cerraré mis ojos y serás mi guía,
tú has de conducirme por aquel camino,
que nos lleve unidos con fe y alegría
y fundir en uno nuestros dos destinos.

Tú, sin experiencia, serás mi verdad,
serás aliciente para mi sufrir,
serás luz celeste en mi caminar,
serás el motivo para mi vivir.

Tú, que con ternura mi herida sangrante
curaste y le diste sosiego al dolor;
tú, que me esperabas, llegaste al instante
de loco tormento por un mal amor.

Tú, que me enseñaste que aún mi existencia,
tan adolorida, podría encontrar
otros derroteros, y fue tu presencia
la que hizo el milagro y pude olvidar.

Hoy busquemos juntos un lugar perdido,
que nadie contagie con odio y maldad;
un sitio en las sombras, lugar escondido,
y amarnos con furia una eternidad.

TÚ Y TODO

En el amor, en el dolor, en la esperanza,
en la angustia, en la dicha, en la tristeza,
en los recuerdos, en las tibias añoranzas,
está tu imagen, mujer, grabada, impresa.

En la música, las flores, la poesía,
en el trino melodioso de las aves,
en el luminoso resplandor del nuevo día,
están tus huellas tiernas, melódicas y suaves.

En el mundo tempestuoso de mi mente,
en mi alma, en mis arterias me acompañas;
en todo, mi bien, en todo estás presente,
si hasta te siento palpitar en mis entrañas.

A TI, MI VIDA

A ti, que luz en mis tinieblas fuiste,
a ti, que con ternura levantas mi esperanza,
a ti, que de mi mundo rompiste la añoranza,
a ti, que todo lo que soy me diste.

A ti, que hiciste de mis infaustas ruinas
un jardín encantado y floreciente;
a ti, que eres el motivo de mis rimas,
a ti, que llenas mi pasión creciente.

A ti, que animas con fuerza mi destino,
que de la mano me transportaste al puerto
de la ventura eterna por el sutil camino,
donde brotaron las flores de mi huerto.

A ti, paciente compañera de mis horas,
a ti, consuelo etéreo de mi ilusión perdida,
a ti, que eres el brillo en mis auroras,
a ti, te ofrezco las cuerdas de mi vida.

POR ESTAR CONTIGO

Las cosas que haría por estar contigo,
no me importaría devorar distancias,
ni el que me permitas ser solo tu amigo,
si a tu lado aspiro tu real fragancia.

Sería tu consuelo o tu tibio abrigo,
aquel que te salva si vas al abismo;
lo daría todo, me daría yo mismo,
si tú me motivas para estar contigo.

Tu risa sonora, tu angustiado llanto,
tu logro más grato, tu mayor herida;
yo sería tu queja o sería tu encanto,
si tú me dejaras compartir tu vida.

Si quieres tu dueño, si quieres tu siervo,
si quieres sumiso, si quieres violento,
sería el espacio que ocupe tu cuerpo,
por estar contigo en todo momento.

PENSANDO

Me siento renacer cuando tus manos
acarician mi cuerpo sin temores,
recorriendo mi piel cuando nos damos,
inmersos en el placer, nuestros amores.

Alzo un grito callado en el instante
en que tu alma se funde con la mía;
liberados, ya perdidos, delirantes,
emanando por los poros alegría.

Nunca olvides que el amor no es un momento,
amor es camino sin fin hacia la gloria;
yo lo siento por ti, lo llevo dentro,
tú y el amor son el motivo de mi historia.

Fracasar ya es imposible si acuñamos
recuerdos tatuados en la mente;
gocemos este amor, pues nos amamos,
y en el mundo solo el que ama es diferente.

HAZME TUYO

Hazme tuyo, sin miedo, sin medida,
saca a flote tu pasión muy escondida;
dame tu alma, que te doy mi vida,
y sanemos para siempre las heridas.

Hazme tuyo, que me sienta poseído,
que sean mis brazos tu anhelado nido;
que tu cuerpo, a mi cuerpo ya fundido,
deje todo el ayer en el olvido.

Hazme tuyo, que mi sangre ardiente
lata en mi pecho, húmeda, caliente;
dame ese instante de pasión vehemente,
y eternízalo en el alma y en la mente.

Hazme tuyo, y sea tu cuerpo mi sendero,
mi refugio, mi eterno compañero,
mi alimento, mi despertar primero,
si es tu cuerpo el único que quiero.

SIEMPRE

Cuando todo en lo infinito se confunde,
cuando mis ilusiones naufragan en la nada,
cuando la tristeza y el dolor se funden,
siempre me salva tu mística mirada.

Cuando deambulo por mis horas y sin rumbo,
buscando el momento postrero a toda prisa,
cuando mi vida se va de tumbo en tumbo,
siempre me salva tu mágica sonrisa.

Cuando el llanto golpea los cimientos
de la existencia con golpe aleve, atroz,
cuando una vorágine son mis pensamientos,
siempre me salva el tono de tu voz.

Cuando renuncio a entender tus actitudes
y a mi mente agita un mundo tempestuoso,
cuando ya nada a mi llamado acude,
siempre me salva tu amor extraño y misterioso.

TE SIENTO

A veces te siento surcar por mis venas,
en el latir de mis arterias estás presente;
te siento en mi alma calmando mis penas,
madurando ideas que crea mi mente.

Eres quien controla mis cinco sentidos,
en todo mi cuerpo, sin cesar, te siento;
aquella que alivia mi fuego encendido,
quien mantiene ardiente mi deseo despierto.

En ti se concentran mis cuatro estaciones,
te siento a mi lado cuando estás ausente;
te siento alentar todas mis pasiones,
por mi ser te siento navegar vehemente.

Te siento que llevas mi nave hacia el puerto,
cuando se desata la fatal tormenta;
te siento avivar mi espíritu muerto,
cuando la existencia se me torna cruenta.

Tú habitas, latiendo, mis insomnes horas,
te llevo prendida cual fresco tatuaje;
yo siento llegar tu ardor a la alcoba,
y fundir en uno el placer salvaje.

MI MUJER

Me gusta, por tu cuerpo, abrir mis alas
y volar por el espacio de tus ansias,
posarme, a veces, por las cimas que engalanan
tus formas, y hacer allí mi estancia.

Me gusta proyectarme en tus paisajes,
sin prisa recorrer tu geografía,
y buscar el misterio en tus follajes,
y en ellos descubrir mis alegrías.

Me gusta bañarme en tus ardores,
hallar en tu calor mi tiempo muerto,
y sembrar la semilla de mis flores
en el surco generoso de tu huerto.

Me gusta de tus manos su aleteo,
mariposas sedientas de mi piel,
cuando tímidas recorren mis deseos
y te sientes en mis brazos mi mujer.

MIS CINCO SENTIDOS

Te siento vibrar en mis cinco sentidos,
yo siento que cubres mi vida completa;
si no estás conmigo, me siento perdido,
tú eres mi destino, mi dorada meta.

Cuando yo te miro, me siento extasiado,
mis ojos se avivan, se aviva el deseo;
yo pierdo mis pasos, me siento extraviado,
cuando no te tengo, cuando no te veo.

Yo llevo en mi boca el dulce sabor
que tu boca brinda, que tu piel ofrece;
tu cuerpo me embriaga, es como licor,
mi ánimo altera, mi mente enloquece.

Si aspiro el perfume limpio y natural
que tu cuerpo emana, cual la madre tierra,
en mí lo conservo, y cuando no estás,
rodea mi cuerpo, a mi piel se aferra.

Tu voz se me antoja sin par melodía,
que llega a mi oído como una canción;
tu voz llena mi alma con fe y alegría,
tu voz, de mi pena, es la redención.

Cuando yo recorro tu piel con mis dedos
y toco tu cuerpo, que el placer promete,
acaban las dudas, allí muere el miedo,
si mi piel se anida en tu piel ardiente.

Todos mis sentidos en tu ser se mecen,
porque eres mi mundo, mi centro solar;
yo te pertenezco, tú me perteneces,
y así iremos juntos, con hambre de amar.

ECO DE AMOR

Aún te amo en ambas dimensiones,
te deseo en la tuya y en la mía;
aún seduzco tu sombra en los rincones,
en el filo gastado de los días.

Vas prendida en mi delirio vagabundo,
eres parte de mi anciano sentimiento,
eres testigo de mis noches, de mi mundo,
serás protagonista en el postrer aliento.

Espejo eres, que escondes mis olvidos,
que reflejas mis dudas, mis lamentos;
eres el gesto que marca mis sentidos,
sonrisa eres en todos mis intentos.

Hombro-pilar de mis insanos inventarios,
espera eterna en la orilla del anhelo,
la página más grata de mi diario,
astro intermitente que cuelga de mi cielo.

De mi pecho, habitante jubilado,
palabra que escarba mis oídos;
pronombre y verbo, extranjeros no amputados,
eco de amor mil veces repetidos.

VISIÓN NOCTURNAL

Cuando, a la luz de la nocturna reina,
contemplo extasiado tu figura,
me parece que sus rayos peinan
la diadema que corona tu hermosura.

Aquella soberana de la noche,
que deambula por los ámbitos del cielo,
busca, vehemente, en su celeste vuelo
dejar en ti su luminoso broche,
que se posa cual flor sobre tu pelo.

Al caer, cual lluvia, pudibundos
rayos plateados a tu mística cabeza,
te miro ufano, con amor profundo,
viendo aumentar tu virginal belleza.

En las noches misteriosas, que la luna
llega a ti melancólica y serena,
deja en tu faz su singular fortuna
y te convierte en frágil azucena.

TE ESPERO...

Te espero
en la palidez de la tarde,
atrás de la sombra del dolor,
frente a los lánguidos recuerdos,
junto a la soledad,
aspirando el perfume de la noche,
destilando esta angustia anochecida.

Te espero
al final de los ocasos,
en la alborada del llanto,
en la mitad de mis lamentos,
sangrando el día de tu partida,
reparando tu virginal mirada,
ahorcando pasadas melancolías.

Te espero
llorando la causa de tu olvido,
seduciendo al embrujo de la muerte,
en el vuelo de mis nostalgias,
al borde del silencio,
en la fantasía trasnochada de mi cuerpo,
en el desesperado grito de mi sangre.

Te espero

en el delirio de mis monólogos,
en el confín de la luz,
lejos del miedo,
cerca de la verdad,
en el palpitante extremo de la existencia,
en el silencio de los amantes.

Te espero
en el postrer deseo de los sueños,
en la meta de la inmensidad,
en el inicio del bien,
en la degeneración del mal,
en el núcleo de mi herida,
en el portal de mi pena.

Te espero
en la pobreza de mi ilusión,
en el dulce gesto de la flor,
en el eco de tus palabras no pronunciadas,
en el reflejo de mi ternura,
en mis desbordantes miserias,
en el temprano rocío de la queja,
en la embriagada voz de mi lamento,
en la vibración eterna de mi desventura,
en la rítmica agitación del viento,
en la solitaria esquina de la duda,
en el latir de tus huellas.

Aquí.
En todas partes.
En el tiempo.
En el recuerdo.
Siempre.
Te espero.

FRENESÍ

Soy un hombre frenético, impulsivo,
soy una hoguera de pasión ardiente,
soy vendaval que arrastra en su corriente
el raudo empuje fogoso, convulsivo.

Soy tempestad de deseo y de lujuria,
soy una ola que se empina en la ribera,
soy huracán que se altera con furia,
soy el viento que seduce a la pradera.

Soy de fuego, soy un hombre de llamas,
soy el sol abrasador de la alborada,
de placer soy una pira que se inflama,
soy todo esto y, a la vez, soy nada.

HASTA EL SILENCIO...

Hasta el silencio calla en mi pesar adolorido,
ni un leve rumor a mi lamento asiste;
solo el néctar, la esencia de lo triste,
me dice de tu adiós en su mortal gemido.

Todo se pierde en lo oscuro de la nada,
se ahoga mi grito en el profundo abismo;
miro perderse, en desquiciante cataclismo,
tu voz, tu gesto, tu caricia, tu mirada.

Preces fervientes exhala mi garganta
en este instante de locura y desconcierto;
y al extinguirse todo, y al ver todo desierto,
quisiera ser, al menos, el polvo de tu planta.

HASTA LAS DENSAS...

Hasta las densas penumbras de mi vida
llegó el reflejo de tu cálida mirada,
penetrando en mi recóndita guarida,
donde escondía mis dichas apagadas.

Suave luz, que en mi tenaz letargo
alumbró mis ansias marchitas, desoladas;
suave luz, que en mi existir amargo
tornó en pensil mis horas angustiadas.

Y otra vez solo en la funesta vía,
ya se apartaron tus ojos de mi senda;
hoy llevo inerte el corazón que un día
te entregué ufano, cual valiosa prenda.

EL AMOR ES, A VECES...

El amor es, a veces, solamente
una mirada inundada de ternura,
una palabra confusa, insegura,
una sonrisa que se graba eternamente.

Es libre, sin cadenas, como el viento,
sin edades, no sabe de fronteras;
es el más dulce de todos los tormentos,
la más real de todas las quimeras.

Es la fusión de dos cuerpos y dos almas,
es entregarse y sentir la otra entrega;
es la más angustiosa de las calmas,
a veces llega tarde, o nunca llega.

El amor es secreto y es paciente,
el amor elimina las distancias;
es audaz, sin prejuicios, es valiente,
es de la vida su aroma y su fragancia.

Es rozar una piel de piel sedienta,
es comunión inefable de dos seres,
es risa, llanto, paz, tormenta,
es el señor de todos los placeres.

El amor está hecho de tristeza,
es un garfio que al dolor se aferra;
es humilde, pero guarda en su pobreza
el tesoro más preciado de la tierra.

MÁS

Cuando mires la inmensidad del mar,
a ese gigante hermoso y azulado,
frente a sus aguas, mujer, ponte a pensar
que más grande es el amor que yo te he dado.

Si alguna puedes ver en este suelo
a humano alguno que hasta el delirio quiera,
me vencerá cuando mi cuerpo muera,
si Dios prohíbe amar allá en el cielo.

Cuando al cielo levantes la mirada
y encuentres esa bóveda de mágico esplendor,
pensarás que de Dios es infinita la morada,
pero más allá de lo infinito está mi amor.

PARA TI

Si fuera mío el mar, el mar te diera,
la luna, el sol, el cielo, el día;
todas mis cosas a tus plantas las pusiera,
si alegre fuera, hasta mi dicha te daría.

Mas la vida todo esto me ha negado,
por eso, humilde, a tu presencia llego;
pero, a cambio de esas cosas, me ha legado
este inmenso cariño que te entrego.

TÚ

Tus cabellos, hilos negros perfumados,
que alborota el viento en forma caprichosa,
tienen el misterio de un bosque enmarañado
y el aroma sutil de una temprana rosa.

Tu frente, inmaculada cual alba azucena,
donde la duda, a veces, se refleja;
el tiempo y su furor en ella deja
las huellas indelebles de la pena.

Tus ojos, lumbreras que son mi luz y guía,
guía en mi cruce por piélagos ignotos,
luz en mi eterna soledad sombría,
me despiertan desde lugares tan remotos.

Tu fresca boca, que a besar invita,
hermosa flor cuyo néctar me da vida,
donde, al besarte, dejo mis tormentosas cuitas,
que agitan mi existencia entristecida.

Tus brazos, que cobijan mis pesares,
con su tibio calor me dan ternura,
son también los que inspiran los cantares
de esta historia de amor sublime y pura.

YO QUISIERA...

Yo quisiera escribir frases hermosas,
que vayan a la par con tu hermosura,
brindarte con amor palabras melodiosas
y no versos de tedio, de dolor y de locura.

Contarte mis venturas yo quisiera,
siempre decirte que feliz he sido;
mas no puedo, mi dulce compañera,
solo penas y angustias he vivido.

Yo quisiera vivir siendo tu sombra,
mi figura formar con tus reflejos;
mas este destierro fatal me asombra
y me agobia tus caricias tener lejos.

Yo quisiera, por fin, mujer amada,
dejar mi vida cobijada en tu regazo
y culminar así esta fatal jornada,
haciendo mi sudario de tus brazos.

INFIERNO Y GLORIA

Eres mi sueño postrero y, sin embargo,
me parece que hoy estreno mi ternura;
eres mi fresco amanecer, final de este letargo,
que arrastraba cual cadena de locura.

Cuando hablas del amor, son llamaradas
las palabras que tu boca exhala;
despertar a tu lado en la alborada
es descubrirle a la vida nueva escala.

Dicha suprema amarte sin dobleces,
sentirme amado es saborear la gloria;
sentir amor es sentir a Dios que crece
en las líneas torcidas de mi historia.

Negarte es negar la luz divina,
lo infinito, es negar lo eterno;
pero, así como la rosa tiene espinas,
toda gloria también tiene su infierno.

SOY...

Soy la lluvia que llora su historia,
flor marchita que un silencio secó;
soy oración que pretendió la gloria,
soy tiempo que en el tiempo sucumbió.

Soy anhelo atascado en el pasado,
conciencia, olvido, infinita soledad;
soy herida que sangra su pecado,
ilusión que se ahoga en la orfandad.

Apagada luz para mis propios sueños,
soy alegría sumida en la tristeza;
soy desilusión que atesora con empeño
la frialdad de una boca que confiesa.

Soy dolor que en tus manos se confunde,
de un cambio que se escapa soy espera;
miedo soy, que en tu mirar se funde,
soy calor abandonado en la ribera.

Soy despedida que en retornos se embelesa,
desengaño que grita y que arde;
soy gemido que al pasar te besa,
soy deseo que ha llegado tarde.

De placer soy apenas un momento,
soy risa falsa, soy congoja;
soy causa de reproches, de lamentos,
en el camino, desperdicio que se arroja.

Soy un pájaro sin alas y sin nido,
soy un sueño que deambula por la nada;
soy una voz extraviada en el olvido,
soy una voz que nunca fue escuchada.

Soy un grito ahogado que se pierde
en las entrañas de tu orgullo impío;
soy otoño que, en tu prado verde,
quiso ser un fulgurante estío.

Soy distancia delirante y repetida,
desesperada línea paralela,
compañía de jornadas no vividas;
soy un barco sin brújula, sin velas.

Soy pasión, en tus brazos, apagada,
soy delirio que busca tu noche;
soy testigo de tu última alborada,
de una lágrima y un beso soy el broche.

Soy adiós que ofrece libertad,
soy renunciación en mi dolor;
soy rato eterno forjado en lealtad,
soy furia y ceguera en el amor.

Soy el viento que arrastra tu ternura,
emoción original prendida;
soy herida que nunca se cura,
tu memoria liviana, arrepentida.

Soy un siglo de nostalgias lleno,
soy de tu voz un eco herido,
la sombra de un atardecer sereno,
soy el reflejo de un ayer perdido.

Soy de tu piel cicatriz latente,
placer consumido en la esperanza;
soy espejo de un momento ausente,
de tu cuerpo y tu vientre la añoranza.

Soy huella extinguida en tu mirada,
tempestad en una duda anochecida;
soy verdad por el temor negada,
soy verdad en tus venas escondida.

Soy embeleso que persigue un ideal,
una sombra que busca una salida;
soy aquel que solo quiere amar
y fundirme en ti toda la vida.

¿QUIÉN ERES?...

¿Quién eres, que llegaste a mi existencia
a transformar las normas, los esquemas?
Se hizo intangible la sonrisa en tu presencia
y regresó el dolor que en las entrañas quema.

¿Quién eres, que con silencios llenas mis rutinas,
que mi atmósfera poblaste de ternura?
¿Quién eres, que a mis exhaustas ruinas
las moldeaste de otra forma, otra figura?

¿Quién eres, que despertaste el nunca,
olvidado en el recodo del sendero,
donde el temor y la ilusión se juntan,
donde se esculpe el llanto lastimero?

¿Quién eres, que descontrolas los suspiros,
que destierras el altar de mi agonía;
que te quitas y te das cuando te miro,
que te amparas en un velo de ufanía?

¿Quién eres, que a menudo, con tu voz
rompes la línea trazada al infinito,
que maldice mi protesta con rubor,
que alimentas mi rebelde grito?

¿Quién eres, que tan solo mis locuras
acaricias en tus horas de misterio;
que los trazos que forman mi ternura
entierras, cual difunto, en cementerio?

¿Quién eres, que con tu gélida quietud
bañas mis noches apagadas, intranquilas?
¿Quién eres, que en mi insomne esclavitud
me haces beber la duda que destilas?

¿Quién eres, que borras el destino,
que cubres y niegas tu ternura?
¿Quién eres, que embriagas como el vino,
si me cobijo con el calor de tu figura?

¿Quién eres, que al dolor me aferras,
saboreando la hiel de mi fracaso?
¿Quién eres, que mi paz encierras
en la intermitente blandura de tus brazos?

¿Quién eres, que desde tu lejana soledad
grabas en mi alma la ilusión cimera?
¿Quién eres, si en mi libertad
te proclamo mi eslabón, mi compañera?

MUJER

Mujer inmaculada, de límpida blancura,
mujer en cuyos brazos se aprecia el firmamento;
tan solo tú pudiste pulir esos tormentos
que hincaban mi vida de amargura.

Mujer de tibios brazos, hinchados de ternura,
tú llevas en tu alma la suavidad del viento,
que pasa lentamente, cuajando la espesura,
con su sublime encanto, que en mis arterias siento.

Tú corres por mis venas, saturas mis sentidos,
te llevo en mí, prendida con santa devoción;
me llegas generosa en el aire que respiro,
en todo lo que escucho, en todo lo que miro,
en las sentidas notas de mi febril canción,
porque eres, alma mía, en mi existencia el sol.

SOLO ENTONCES

Cuando, en aquella habitación donde regamos
nuestro amor por todos los rincones,
por vez primera, en el goce cobijamos
aquella entrega matizada de pasiones,
y de otro mundo las delicias disfrutamos.

Fue solo entonces que tu sentir esquivo
se unió al mío con entusiasmo ardiente;
ascendimos de la mano la pendiente,
liberando, con amor, aquel cautivo
ardiente beso que brotó vehemente.

CUANDO A SOLAS...

Cuando, a solas, marcho por el gris sendero,
que con fuerza me arrastra a mis pesares,
volteo el rostro y miro aquel velero,
que va hasta ti llevando mis cantares.

Y en mi locura, ingenuo lo confieso,
quisiera ser aquel velero ufano,
para llegar a ti con este ardiente beso,
que hierve, palpitante, en mi existir profano.

Cuando siento el golpe de tu ausencia,
que, con saña, en mi alma se posó,
siento rodar mi frágil existencia,
cual hoja inerte que el viento arrastró.

ASÍ ES EL AMOR

¿Por qué el amor el alma debilita
y nos impide actuar como se piensa?
Por él se da la vida a quien la vida quita,
y quien te da la vida no alcanza recompensa.

Es confuso y absurdo sentimiento,
una fuerza siniestra que deslumbra;
nos hace soñadores con atrevido acento,
ola indomable que a la cresta nos encumbra.

Remota luz, con resplandor que ciega,
suprema convulsión que ignora las doctrinas;
delirante precipicio, a cuyo fondo no se llega,
santuario virginal de pasiones tan divinas.

Verbo elocuente que retumba como el trueno,
necio silencio que provoca abatimiento;
impetuoso río que, de nostalgias lleno,
a la mar bravía va a morir sin un lamento.

Hoguera que abanica la fuerza de los celos,
antorcha redentora que eclipsa los hastíos;
quietud que va meciendo solemne los anhelos,
así es el amor, y así en él confío.

HISTORIA

Llegué inocente a la hora convenida,
sin ninguna expectativa ni sorpresa;
soledad me dio la bienvenida,
y fue mi cuna y abrigo la tristeza.

Los brazos de una sombra me guiaron,
negros como la noche más oscura;
mis zigzagueantes pasos alumbraron
y consuelo fueron en mi pena prematura.

Ya enredado en los hilos del destino,
marchó la noche, y la fe, en su huida,
torcía las cuerdas de mi gris camino
y hundía su espada en mi reciente herida.

Mis tinieblas cabalgué a paso lento,
encontré en mi caminar siempre el cadalso;
fue mi niñez tiempo sin tiempo, tan violento,
que ignoro si existió o si fue falso.

Intenté hacer de mi espíritu un jardín,
mas el alma solo escombros recogía;
el fantasma de la pena me arrastró hasta su confín,
donde toda esperanza se extinguía.

Lloré angustias, las propias, las ajenas,
despertó mi piel con ansiedad vehemente;
llegó el amor y se anidó en mis venas,
llegó el amor y me anunció la muerte.

Amé para vivir porque mi pecho,
de amor y pasión, estaba hambriento;
transitó mi candidez espacio estrecho,
y me rendí al amor, exhausto, sin aliento.

Se deslizó mi corazón por la pendiente,
saturado de dolor, de incertidumbre;
el placer de ser amado estuvo ausente,
jamás pude ascender hasta esa cumbre.

Cobijé sentimientos confundidos,
soñé con lo eterno, lo infinito;
ingenua, mi razón colgó su nido
en el eco de un lacerante grito.

Barreras puse a latidos y emociones,
me encerré en mis dolientes soledades;
mis oídos cerré a púlpitos, sermones,
mientras el mundo me enseñaba sus verdades.

De la angustia llegué hasta los extremos,
viajé por los minutos inconscientes;
si para morir, preguntaba, ya nacemos,
¿para qué navegar contra corriente?

Y busqué el otro lado del misterio,
ese fondo que llamaba y atraía;
un cansado temor señaló mi cautiverio,
del que no me liberé por cobardía.

Descansó mi piel en noctámbulas trincheras,
en lechos de olvido sepulté mis años;
pasaron, sin marcar, fugaces primaveras,
dejando, sin embargo, desengaños.

Vagó sin brújula mi espíritu dormido,
quemé mis naves en insomne oferta;
quedó el pasado entre brumas escondido,
y mis llagas de ayer más descubiertas.

Entre sábanas perfumadas pretendía
alcanzar la cima que permite la experiencia;
ingenuo mortal que entre sueños se extravía,
arrastrando, cual cadena, la existencia.

Y unos ojos se cruzaron por mi vida,
que rasgaban vigorosos la mirada;
esos ojos detuvieron mi caída
y encendieron mis noches apagadas.

Si perder el amor es agonía,
encontrarlo nos salva del naufragio;
el desolado amor se convierte en alegría,
sublime dicha que es un mágico presagio.

Fue cántaro de frescas mañanas,
allí, en tierra firme, yo sembré mis sueños;
panal de miel que mis ilusiones vanas
hizo realidad en su vientre sedeño.

Juntos compartimos un dolor de muerte,
el fruto soñado extravió el camino,
marcó largo espacio mi fatídica suerte
y abrió distancias en nuestros destinos.

Luchamos, sin tregua, buscando la meta,
nos ganó el delirio cerrando veredas;
las horas rodaban con la dicha a cuestas,
la angustia se anclaba en otras riberas.

En cuatro jornadas nos llegó la luna,
nos hizo el milagro, se esfumó la pena;
convertimos brazos en mullida cuna,
llegaron las horas dulces y serenas.

AMOR ES...

Con frialdad, que emana de las tumbas,
se dice, convencidos, que se ama;
el amor es torrente que derrumba,
es pasión, incendio, fuego, llama.

El amor es dócil, natural, no siente miedo,
nos hace osados, al reto atentos;
recurre por la piel hasta los dedos,
y, al tocar otra piel, penetra lento.

El amor es vida, vibración, no es agonía,
nos impulsa a rebasar toda frontera;
iracundo, cual el mar, que en él confía
para regar con sus aguas la ribera.

El amor es volcán, es sangre, es trueno,
es un rostro que se toma entre las manos;
es, a la vez, frenético y sereno,
es paciente y humilde, nunca ufano.

De altivez el corazón no sabe,
no es soberbio, altanero o insolente;
nos hace volar como las aves
y a soñar en un mundo diferente.

El amor sale del alma como un grito,
ilumina, como un rayo, lo profundo;
no se aprende en los libros, no se ha escrito
cómo se ama a otro ser en este mundo.

¿POR QUÉ, SEÑOR?...

Señor, si en el umbral de la existencia
estaba él con su encanto y su candor,
¿por qué, Señor, me has negado su presencia?
¿Por qué me has dado por herencia este dolor?

Yo nunca fui feliz, tú bien lo sabes,
y mi pecho, en su latir, dicha encontró;
haz, Señor, que él, como las aves,
vuelva al nido que un día abandonó.

VEN... REGRESA...

Ave encantada, que con trinos melodiosos
despertabas a la dueña de tus días,
¿dónde llevaste, en tu vuelo, aquel hermoso
nido de amor, de ternuras y alegrías?

¿Dónde estás, pequeño, dónde existes?
Que me queman las ganas de tenerte.
Ven..., regresa... ¿no ves? Estamos tristes,
estamos muertos, hemos muerto con tu muerte.

SI YO MUERO

Acabando de leer una poesía,
que a la muerte me hiciera recordar,
vino a mi mente mortal melancolía,
sintiendo adentro el corazón sangrar.

Desesperado decía aquel poeta
que, si la muerte su cuerpo llevaría,
para aquella mujer que amara un día
será su tumba impenetrable grieta.

Que en su nueva morada sufrirá
el abandono de quien quisiera tanto,
y ella, entonces, por otro vivirá,
sin dedicarle a su memoria un llanto.

En seguida me pregunto si yo muero,
cuando se hallen en la tumba mis despojos,
amándote inerte como hoy te quiero,
¿llorarán por mí tus bellos ojos?

GOTA A GOTA

Mi pecado descansa en tu mirada,
se derrama en silencio en tus oídos,
se entrega, beso a beso, a tu boca apasionada,
pues eres eso que debilita mis sentidos.

Tú eres placer, eres pasión, eres ternura;
extraes, con caricias, de mi fango la lujuria,
cuando elevamos lo prohibido hasta la altura,
cuando me amas y te amo hasta la furia.

Esa pasión, sin freno, no conoce
límites, no conoce las fronteras;
la piel se llena, se satura en goce,
cuando riego en tu cuerpo primaveras.

El aroma de tu surco es el olor
que mi sangre, por los poros, brota;
de tus ángulos llevan mis labios el sabor,
porque libo tu néctar, gota a gota.

Y así saciamos la sed de nuestras almas,
al iniciar un camino sin final;
brinda tu cuerpo sosiego, paz y calma,
y siento que, por primera vez, empiezo a amar.

PORTOVIEJO Y TÚ

Portoviejo, su cuerpo guarda tu aroma,
y sus labios tienen tu sabor;
en sus ojos tranquilos te me asomas,
para llenar mi corazón de amor.

Su pelo oscuro es el reflejo de tus noches,
y su alba faz, el reflejo de tu luna;
cuando llega, y de amor, en mil derroches,
le entrega, solo a ella, su fortuna.

Tienen sus ojos el embrujo de tus soles,
tus frutales están en sus cabellos;
sus mejillas son tus vespertinos arreboles,
antesala de tus atardeceres bellos.

Portoviejo, ciudad de los reales tamarindos,
soy un extraño a quien robaste el corazón;
hoy, a su amor, sin apelar, me rindo,
para hacerte, desde el alma, esta canción.

TÚ ME ENSEÑASTE

Eres dueña de mis horas solitarias,
vas prendida como hiedra en mi memoria;
eres la dosis de esperanza diaria,
que alimenta las líneas de mi historia.

Y me enseñaste a acariciar mis sueños,
a navegar sin miedo en mis desiertos,
a dar razón a mis íntimos empeños,
a revivir mis ideales muertos.

Tú me enseñaste a dibujar mis derroteros,
a colgar mis angustias en la nada;
me enseñaste que, después de días fieros,
pueden llegar hermosas madrugadas.

A mis aguas turbulentas les enseñaste
a desembocar tranquilas en tu mar,
y a mi corazón, tu corazón, cuando llegaste,
le enseñó que, sin tocar, se puede entrar.

USTED

Usted sumó detalles en mi vida,
me dio de su voz esa dulce melodía;
es su presencia por mi alma compartida,
usted multiplicó mi paz y mi alegría.

Usted me hizo habitante del amor,
con usted mi fe no conoció la duda;
mi pecho superó llanto y dolor,
su alma, a mi alma, la cubrió con su ternura.

Usted ancló la dicha aquí, en mi puerto,
encendió esa luz apagada en el pasado;
mil campanas saturaron mis desiertos,
usted fue la redención de mis pecados.

Usted le dio una razón a mi sendero,
trajo la paz, la luz y la esperanza;
se hizo real mi sueño pasajero,
para amarla, ni la vida ya me alcanza.

CÓMO AGRADECER...

¿Cómo agradecer a mis hijos y a Mariana,
su presencia, su abnegación y su coraje?
Ser la sonrisa y cronométrica campana,
que me despiertan al diario aprendizaje.

Por ser compañeros de rutas y aventuras,
por la constante paciencia a mis errores,
por su incondicional soporte en horas duras,
y, sin quejas, esperar nuevos albores.

Por ese mimo amoroso, sin desmayo,
por ese aliento fogoso, tan ardiente;
por esa comprensión cuando les fallo,
por el perdón tácito y clemente.

Por ser mi guía, mi fuerza, mi alimento,
de la existencia mi razón y mi motivo;
por cosechar el sueño que sembré en el viento,
y por los años que lo mantienen vivo.

ESPOSA

Tú eres tiempo que en mi tiempo se eterniza,
eres dolor, llanto y risa compartidos;
sabia palabra que llega como brisa
a refrescar el cansancio en mis sentidos.

Esperanza renovada en cada aurora,
rocío que baña la esencia de mis sueños,
fe indomable que el dolor devora
con apacible espíritu y mirar sedeño.

Silenciosa compañía en mis labores,
de mis noches la incesante espera;
eres el fuego que enciende mis fulgores,
el mar que moja tierna mi ribera.

Eres distancia y el recuerdo de mi llanto,
la carta que a calmar las ansias llega,
la fecha del retorno, el día de mi encanto,
generosa savia que mi vida riega.

Paz profunda, aliciente a mis rigores,
eres caricia en los ratos conmovidos;
eres el beso que vence los temores,
eres susurro en el lecho, eres gemido.

Amor conjugado en nueve lunas,
dulce espera que en tu vientre crece;
eres noche en vela, eres cuna,
cuerpo infantil que en mis brazos se estremece.

Eres la cumbre, la meta en mi sendero,
llama que alientas mis ansias, mis anhelos;
eres el ser que en la vida yo más quiero,
eres mi idea terrenal de gloria y cielo.

GRACIAS MARIANA

Gracias por permitirme ser tu compañero de ruta
en este viaje por la vida.
Gracias por ser mi amiga incondicional,
quien ha sido testigo de los momentos más álgidos
de mi existencia.

Gracias por ser la arquitecta de nuestros sueños y metas,
por moldear con tus manos nuestro destino,
por mantener, con tu ternura y sabiduría,
a la familia unida como un puño.

Gracias porque nunca olvidaste celebrar
todos los cumpleaños de nuestros hijos.
Por haberme dado el honor y la satisfacción,
además del orgullo de ser el padre
de los mejores hijos del mundo,
por esta razón, mi gratitud es doble y efusiva.

Gracias por hacerme mejor persona
y ayudarme a entender y compartir
con aquellos más vulnerables;
a entender que la verdadera felicidad radica
en lograr que otros alcancen esa ansiada dicha.

Te agradezco por hacerme entender
mis renglones torcidos
y por enderezar algunos de ellos.
Gracias por disculpar mis errores y defectos.

Tengo un millón de razones para agradecerte
y un millón de razones para amarte.

Te amo por ser el camino que transito día a día.
Te amo por permitirme ser la sombra
que te persigue en esta aventura de vivir.
Te amo porque me enseñaste
que amar es dar y no recibir.

Te amo porque me ayudaste
a salir de mis mares de dudas
y de mi mundo de tinieblas.
Te amo porque te necesito para vivir,
y porque te necesito, te amo.

Te amo porque, sin mediar palabras,
lidiamos con el dolor más grande en nuestras vidas,
en silencio.
Y te amo porque, por mis dolores y necesidades,
olvidas tus necesidades y dolores.

LÍNEAS PERDIDAS

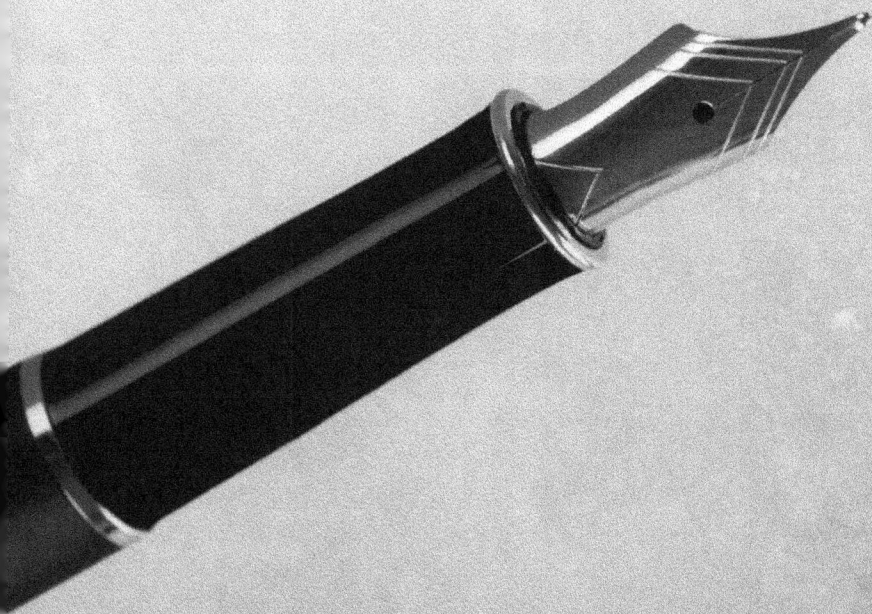

JORGE BONILLA ORDÓÑEZ

A mis hijos
Jorge, Grace, Javier, Gaby, Gina

A mis nietos
Caleb, Lucas, Ethan, Amelie, Tessa

(Lo mejor del camino)

—Y a Carmen, dondequiera que esté.

PRÓLOGO

Una sociedad proclive a fundamentarse en la emoción, en la reacción inmediata, en el momento fugaz, en la apariencia creada y modificada permanentemente para exhibir disfraces adquiridos en el mercado *fashion*, es la manifestación del no ser, de la presunción; una sociedad que ha desechado la reflexión, la razón y el sentimiento como sustento de vida.

Rodeado de un cúmulo de publicaciones con títulos motivacionales rimbombantes, que señalan caminos para el éxito fácil e inmediato, aparecen, con mucho esfuerzo, textos que rescatan el sentimiento estructurado como sustento real de vida.

Los escritos de Jorge mantienen como referencia la subsunción del espíritu a la ternura, el encuentro con lo que no buscaba, con lo que no existía en su percepción. No son sueños realizados, sino la presencia de lo nuevo con lo no imaginario, que llega y apaga un pasado difuso; un pasado que subyace como la acumulación de búsquedas en espacios diversos para construir una identidad.

En un tiempo en que las decisiones son resultado de la reacción inmediata —que aspira ser la mejor, la correcta y la adecuada—, se piensa que marcará un buen trecho del camino, pero se apaga en la cotidianidad para dar paso a la angustia y, a la vez, a la ilusión y la esperanza.

En su poesía resalta el encuentro con la armonía como forma de vida encontrada y asumida, que subsume los momentos del desencuentro para arribar a una dinámica sin tropiezos en la creación de una relación que lo abarca todo.

La poesía de Jorge es una forma de resistencia ante una sociedad que sustenta la felicidad en la riqueza y el éxito material, y no en una relación sentimental armónica.

—**Mesías Robalino**

A TU LLEGADA
(A Grace)

Esencia pura de mi propia vida,
hermosa conjugación de nuestro amor,
aliciente tibio a mi letal herida,
respuesta del cielo a mi clamor.

Tú me guías por la senda oscura,
inefable resurrección de la esperanza,
alivio a nuestra angustia, a mi amargura,
a ese dolor que gritaba en lontananza.

Cristalización etérea de mi anhelo,
encanto adorable en mi existencia;
ave de luz, cuyo celeste vuelo
es el mundo que palpita en mi conciencia.

A JAVIER
(En sus dieciocho años)

Ya la vida te llama a la contienda,
a esa lucha incesante y cotidiana;
no la eludas y entrégate en la ofrenda,
si no quieres ver perdido tu mañana.

Es muy arduo el camino de la vida,
mas espero ni te asuste ni te asombre,
y así venga tranquila mi partida
al ver a mi hijo convertido en hombre.

Mas cuando parta, recuerda de tu padre
esas horas de diálogo a destiempo;
que sea la piedra angular con la que labres
tu camino al porvenir sin contratiempo.

Cuando seas padre, corrige mis errores
y estimula lo que creas mis aciertos;
ejemplos da a tus hijos los mejores,
y confianza y libertad en su momento.

No confundas el planear con el soñar,
que vivir y existir nunca es lo mismo;
existir es intrascendente caminar,
y vivir es sin final protagonismo.

Con serenidad tu espíritu enriquece,
solo así de tus actos serás dueño;
es virtud que en las almas nobles crece
y forjará tus días con valor y empeño.

Sé paciente frente al prójimo y el mundo,
que solo en Dios lo perfecto visualices;
tu comentario sea un análisis profundo,
y no ser esclavo jamás de lo que dices.

Destierra de tu mente la venganza,
imita al sabio que la injuria olvida;
no detengas tu camino, siempre avanza,
que es irrepetible y muy fugaz la vida.

Nunca intentes imponer tus convicciones,
es irritar un corazón ya irritado;
respeta de otros ideales y opiniones,
que respetar es sentirse respetado.

No pretendas un amigo sin defectos,
si eso esperas, no tendrás amigos;
amor es mirar lo torcido recto
o aceptar lo torcido por torcido.

No critiques ni censures a un amigo,
un amigo es uno mismo, es un hermano;
no te prestes jamás como testigo
de algo vil, injusto o inhumano.

Nunca cambies la verdad por conveniencia,
no hay placer en culpar a un inocente;
es un peso fatal en la conciencia,
mancha cruel que marcará tu frente.

No permitas que vanidad, cólera e ira
dominen y esclavicen tu alma;
el vanidoso solo vive de mentiras,
y el irritable no conocerá la calma.

No mires solamente la apariencia,
la grandeza no se encuentra en lo exterior;
hay corazón, sentimiento, hay conciencia,
busca adentro, en el fondo, en lo interior.

No te inquietes si nadie te comprende,
inquiétate si no eres comprensivo;
el humano, sabiendo tanto, poco entiende,
y lo que no entiende lo ataca sin motivo.

Recuerda, solo Dios juzga y castiga,
no le es dado al humano tanta gloria;
consuela al pecador y su dolor mitiga,
que en cada pecado hay una historia.

Si el triunfo le sonríe a tu existencia,
sé humilde y sereno, no te engrías;
con el triunfo y el fracaso ten paciencia,
que en ocasiones cambian en un día.

Que no entre en tu pecho el egoísmo,
no conocerás paz si a él te entregas;
que en los reveses aflore tu heroísmo,
que es tu vida la que se va o la que se queda.

Desconfía de quien pondera su virtud,
de quien dice que es honrado y es honesto;
la virtud y la honestidad son una luz,
que alumbran solas, sin efectos.

Ponle límite siempre a tu esperanza,
y, así mismo, pon razón a tus anhelos;
con decisión, lo material se alcanza,
y con tu amor al mundo alcanzarás el cielo.

Sé justo y generoso, sin dobleces,
no des la espalda a quien pide tus dones;
la vida te dará siempre con creces
lo que a la vida le des sin ambiciones.

No te inquietes jamás si la pobreza
tu hogar visita y en él tiende su nido;
no te ensalce tampoco la riqueza
si, cual sirena, da su cántico a tu oído.

No le temas al juicio de la gente,
teme a Dios, tu conciencia en Él descarga;
solo ante Él inclinarás tu frente,
y no tendrás una existencia amarga.

Sé hospitalario en tu hogar, abre tus puertas,
no le niegues asilo a quien lo implora;
da sin poses, que tu mano siempre abierta
sea bálsamo del que sufre, del que llora.

Cuando sonrías, solo tu alma enseña,
más aún a quien lo necesita;
haz como el sol, que a dar calor se empeña
sin que nadie lo pida o solicite.

La felicidad con muy poco se alcanza
si es tu vida modesta y moderada;
el hombre, ¿para qué busca la holganza,
si el todo se confunde con la nada?

Si aspiras mucho, no serás saciado;
si esperas poco, la felicidad te espera.
La ambición desmedida es un pecado
que condena, esclaviza y desespera.

El hombre es un ser que nace bueno,
que se contagia y corrompe por la vía;
corrige tus errores, evita los ajenos,
y habrá en tu vida sensatez, sabiduría.

Sé frugal si te ilumina una alabanza,
no te agobie un reproche cruel, severo;
en este mundo, solo el amor y la esperanza
son eternos, lo demás es pasajero.

Sé tú mismo si el éxito persigues,
sé original sin emular patrones;
con persistencia todo se consigue,
no esperes frutos solo de oraciones.

No maldigas la rosa por la espina,
agradece a la espina por la rosa;
a quien te haga un favor, mantenlo en tu retina,
y al favor que hiciste, hazle una fosa.

La dicha, en la humildad y no en el brillo,
la encontrarás para llenar tu vida;
haz como Cristo, el Hombre-Dios sencillo,
que saturó de amor la humanidad perdida.

A GABY
(En sus quince años)

Hija mía, razón de mis razones,
hoy que marca quince años tu existencia,
cual tesoro te doy mis convicciones
en esta hoja, grabada, como herencia.

Siempre equilibra tu ideal, tus sentimientos,
que el oro y su brillar no te deslumbre;
el interés es un lente de aumento
que nos impide mirar con certidumbre.

Aunque sea un mundo extraño que seduce,
sé virtuosa y aléjate del vicio;
es falsa puerta que a la infamia te conduce,
del dolor y la miseria al precipicio.

No te dejes vencer por la tristeza,
ninguna herida ni dolor es más profundo;
grábate este pensamiento en la cabeza:
nadie pasa sin llorar por este mundo.

Que tu dicha y alegría no la muevan
el mal o la desgracia de un hermano;
aquel momento es tan fugaz, solo se eleva
para caer donde nace, en el pantano.

Sé tan feliz como se puede ser,
mas en tus goces no olvides que en la vida
la suprema razón es el deber,
pues sin deber la existencia está perdida.

No pretendas vivir a toda prisa,
que quien lo hace solo el tiempo pierde;
que el tiempo solo de tiempo precisa,
y hay que esperar que madure el fruto verde.

No te resignes jamás, lucha, sé fuerte,
nutre con empeño indeclinable tu conciencia;
que, así como el sueño es como la muerte,
se complementan resignación e indiferencia.

No consientas lo malo por bondad,
no malogres tu destino con desdén;
es confundir con la luz la oscuridad,
es querer fundir el infierno y el edén.

Sé como las ramas que, abriendo sus galas,
sin salir del árbol se alejan ligeras;
anda por el mundo abriendo tus alas,
mas siempre retorna, que el hogar te espera.

Si un sueño te lleva hasta el fracaso,
no te ahogues en llantos y lamentos;
levántate y persiste sin bajar los brazos,
no te niegues, al menos, el intento.

Si alguna vez la duda te avasalla,
si el mundo te inspira desconfianza,
busca a Dios y verás que las murallas
caerán para traerte la esperanza.

Jamás ignores lo que ignora el necio,
esta verdad innegable de la historia:
trabajo y sacrificio es solo el precio
que el hombre paga por la gloria.

No te olvides que en la vida hay un tirano
a quien debes vencer con tu constancia;
no le tengas compasión, es inhumano,
ese infame tirano es la ignorancia.

Yo no espero de tu vida reverencias,
solo aspiro que, cuando al final sucumba,
tu honradez, tu honestidad y tu decencia
sean las flores que pongas en mi tumba.

A GINA
(En sus quince años)

Gota postrera de mi sangre enardecida,
fruto final de mi vital cosecha;
mientras tú te asomas apenas a la vida,
yo lucho con el plazo inexorable que me acecha.

Tú le diste a mis días tierno encanto,
naciste un día después de mi amargura;
cual bálsamo llegaste para secar mi llanto
y fuiste timonel de mi barca en agua oscura.

Contigo deshojé la flor marchita de mi infancia,
aprendí contigo a ser niño nuevamente;
tu mundo y el mío galoparon las distancias
en el corcel de la esperanza ausente.

Tú fuiste mi sombra y yo fui tu abrigo,
yo fui el cauce cuando fuiste río,
fui la espiga cuando fuiste trigo,
fui madrugada si quisiste ser rocío.

Sonrisa franca que saluda al universo,
silenciosa caricia que el paraíso enseña,
punto de apoyo para trocar lo adverso,
mañana clara, diáfana, halagüeña.

Las penas huyen con tu mágica presencia,
levantan vuelo cual ave en retirada;
altar de mi alma, espíritu y conciencia,
consuelo en mi desdicha, razón de mi jornada.

Si las ansias de vivir tus esquemas estremecen,
verás como el futuro es presente pasajero;
acaricia el porvenir que entre tus manos crece,
cultiva con paciencia lo que anheles duradero.

Disipa las tinieblas de un alma en desamparo,
nunca seas al dolor ajeno indiferente;
que tu misericordia sea refulgente faro,
que impida la caída de un ser en la pendiente.

Si pretendes alcanzar prosperidad,
no desmayes en tu lucha y en tu esfuerzo;
no te detenga la funesta adversidad,
no se logra sin lágrimas progreso.

Si te agobia una angustia, un sufrimiento,
no pienses que en ti solo se ensaña;
es parte de la vida, un mandamiento,
pero a la pena una dicha la acompaña.

La humanidad, para salir de la miseria,
cruza puertas que a la infamia la conduce;
elude esas entradas y evitarás la histeria
de jueces que te señalen y te acusen.

Como mala oculta una obra buena,
no hagas alarde de actitudes generosas;
acaricia con tu servicio la desgracia ajena,
que la dicha verdadera en la ajena es que reposa.

Piensa siempre que existe un mañana,
si algún día se te agota la esperanza;
lo que fue insalvable en tu edad temprana,
mañana lo lograrás con tu pujanza.

Tu madre te trazó un camino transparente,
sigue por él y evitarás tropiezos;
nunca te dejes llevar por la corriente,
no te ahogues en el mar de los excesos.

Entre las cosas que disfruta el hombre,
que brinda placer, tranquilidad y gloria,
es conservar sin máculas su nombre,
haz de esto el motivo de tu historia.

A MIS HIJOS

Hijos míos, razón de mi existencia,
quiero dejarles estas frases como guía,
que al cumplirlas completan mi alegría,
son dictados de amor y de conciencia.

No pretendan juzgar de otros los errores,
que no procura ni placer ni gozo;
sean humildes, a la vez que generosos,
sin exhibir con galas sus favores.

Amen la vida, mas por justicia y libertad,
entregarla, si es preciso, no es en vano;
que quien niega esta razón es un insano,
pues son del hombre su brújula y verdad.

Respeten con afecto a los mayores,
mirando a vuestro abuelo en cada anciano;
que el tiempo no perdona a los humanos
y es menester recordar estos valores.

Soñar es muy hermoso, ¿quién lo niega?,
mas la vida no se forma solo de eso;
si el tesón es la base del progreso,
soñar menos y luchar con toda entrega.

No pierdan un amigo si es sincero,
es un tesoro que la vida ofrece;
el dinero es fugaz, se desvanece,
pero un amigo es real, imperecedero.

No hay honor más grande para el hombre
que conservar sin tachas su apellido;
que lo conserven así, solo les pido,
pues mi padre me legó limpio su nombre.

NAVEGANDO NUEVE LUNAS
(Esperando a Caleb)

Navegando nueve lunas entre sueños,
nos anuncias el milagro de la vida,
y ya de mi voluntad eres el dueño,
sin fijarme un punto de partida.

Yo no sé lo que la vida nos depara;
sin nacer has colmado mis anhelos,
porque en la vida pocas cosas se comparan
a la dicha y emoción de ser abuelo.

Ya te imagino dormido aquí en mi pecho,
y los dos olvidándonos del mundo;
yo, de tus primeros pasos al acecho,
y tú buscando de la vida lo profundo.

Y ayer dije que no existe lo divino,
que no hay un creador que rige en el espacio;
¿quién, si no, con mis hijos, mi destino,
lo llenó de esta armonía que me sacia?

Ven, que te esperamos impacientes;
yo te ofrezco velar sobre tu cuna,
seré tu sombra, tu mejor juguete,
y tú serás toda mi fortuna.

ORACIÓN
(Nació Caleb Sebastián)

Señor:

Mi tiempo amaneció con frescas gamas,
ha nacido en mi existencia un nuevo anhelo;
al viejo tronco le brotó una rama,
cristalizó mi sueño existencial de ser abuelo.

Es por eso que hoy mi alma, siempre altiva,
siempre ajena a los ruegos lastimeros,
se postra humilde ante ti en carne viva,
para pedirte seas la luz de su sendero.

Te pido lo cuides, lo guíes, lo protejas,
que aprenda a servir con devoción;
si alguna vez clama por ti, oye sus quejas,
fortifica con fe su corazón.

Haz de él hombre de bien, hombre de paz,
de justicia, de razón y de respeto,
que, si quiere sus metas alcanzar,
jamás use equivocados vericuetos.

Que su meta sea ardua, mas posible,
que no dé tregua a su lucha cotidiana;

que a menesteres ajenos sea sensible,
que una vida egoísta es vida vana.

Que al prójimo lo ame y lo comprenda,
que sea honesto y con su tiempo generoso;
que subsista de su sudor, no de prebendas,
que sea del derecho de los otros respetuoso.

Que tome de sus padres como herencia
los valores morales, cual blasón;
que la virtud motive su existencia
y que haga del amor su religión.

LLEGÓ LUCAS

Cuando pensé que el escenario estaba lleno,
que no cabía ni un actor más en el drama,
llegas tú, enérgico y sin freno,
a entibiar nuestra hora con tu llama.

Y así, nomás te amamos, sin ambages,
con esa fuerza tuya, contagiosa;
reverdeció con tu luz el otoñal paisaje
y la vida se nos antoja esplendorosa.

Has logrado con tu mágica presencia
cubrir las horas de tu abuela de alegría;
son para ella irrepetibles las vivencias
que a tu lado disfruta cada día.

Ven, pequeño, a reposar en nuestros brazos,
que a veces la vida es cruel, sin alma;
ven, que tu nana te ofrece su regazo,
para que haya en tu existencia paz y calma.

PRIMERA COMUNIÓN

Con paso firme caminas al rezar,
buscando al Dios Supremo con tus ojos,
y luego, ante el altar de hinojos,
te aprestas por vez primera a comulgar.

Desde mi asiento te miro sin aliento,
intentando ocultar mis emociones,
y pido a Dios en mis sentidas oraciones
que aparte tu camino de tormentos.

Luego, con la hostia ya en tu boca,
viajas, como en un éxtasis, al cielo,
y mientras tú te pierdes en tu vuelo,
nosotros contenemos el llanto que provocas.

Lucas querido, solo espero que la vida
sea contigo gentil y generosa,
que en tu senda, más que espinas, haya rosas
y que a todo le encuentres la mejor salida.

YO TENGO UN ÁNGEL...
(A Gabriel)

Yo tengo un ángel que mi hogar visita,
al menos de nombre, se llama Gabriel;
es un torbellino que salta y se agita,
sacando ventaja, nadie como él.

Por donde camina, es el soberano,
es el que conoce el mundo mejor;
apenas seis años y tiene este enano
toda la familia a su alrededor.

No le teme a nada, no conoce el miedo,
de cualquier altura se atreve a saltar;
en toda disputa, soy siempre el que cedo,
pues él no conoce lo que es negociar.

Su aprecio y sus mimos él me los dirige,
con sus pies y manos, a todo tambor;
mi atención reclama, mi mirada exige
cuando se le ocurre ser un orador.

Me da mucha risa cuando, tan ufano,
con mucho talante lo veo caminar,
con traje y corbata, mi pequeño anciano,
en todas las fiestas que hay en su hogar.

La vida nos pide darnos por entero
en todas las metas, en todos los retos,
pero nos alivia el postrer sendero
con la recompensa de hijos y nietos.

YA TE LLAMAN TESSA...

Ya te llaman Tessa, sin alzar el vuelo,
ya anhelamos todos grabar tu hermosura;
quiero presentarme, yo seré tu abuelo,
ya siento en mis brazos tu tierna figura.

Por años muy largos te hemos esperado,
contando los días para tu llegada;
tú eres en mi mente sueño realizado
y en mi alma eres dicha renovada.

Desde que anunciaste tu dulce existencia,
te espero con ansias en cada segundo,
porque algo me dice que, con tu presencia,
traerás luz y gloria para nuestro mundo.

Tú ya tienes techo y lugar en mi alma,
ya siento en mis ojos tu frágil mirada;
ya brinda tu vida la quietud y calma
que necesitamos en cada jornada.

PRIMERA LÍNEA PERDIDA
(A Carmen)

Eres espejo que dibuja mi alma,
eco incesante de milenarias emociones,
el soporte ignorado de mis calmas,
llanto apagado en todas mis pasiones.

Primera línea perdida, no olvidada,
madre escondida en juegos infantiles,
luna llena en mis noches extraviadas,
cronómetro que marca mis miedos más febriles.

Pálido orgullo que en mi alma mora,
gesto difuso que mimo entre mis dedos,
recuerdo secuestrado de mis horas,
delirio archivado en mis desvelos.

Horizonte en mis arterias dibujado,
oscuro rostro anclado en mi memoria,
silenciosa voz que grita en mi pasado,
la hoja más anciana de mi historia.

PERDÓN

Éramos dos amantes juveniles,
que soñaban el amor de mil maneras,
mas el desdén, con sus brazos viles,
enturbió mi alegre primavera.

Desde el día que te fuiste despreciando
el cariño que mi alma te ofrecía,
desde ese día, mujer, estoy penando
y nadie puede mitigar la pena mía.

Quizá, por joven, tu corazón no sabe
que una ilusión que se deja abandonada
se parece a la quilla de una nave
por las violentas olas destrozada.

Te recuerdo con ternura y sin encono,
aunque causaras mi dolor profundo;
tus caprichos infantiles los perdono,
porque todo se olvida en este mundo.

ESPERANZA

He querido escribir la larga historia,
que mi pecho agitado no la acoge,
y aunque herido el corazón la arroje,
no se puede apartar de mi memoria.

Mente mía, expulsa de tu seno
ese amor que ayer mató mi suerte;
¿por qué guardas un amor que no fue bueno?
¿O crees bueno a quien te causa muerte?

Dale luz a la razón cegada
y de aquel lúgubre sueño ya despierta;
cierra ya aquella herida abierta
y esperemos que brille mi alborada.

INCÓGNITAS

¿Por qué la soledad, cual fiera, me devora?
¿Por qué la pena en mi alma ha hecho nido?
¿Por qué en mi pequeño mundo estoy perdido?
¿Por qué mi corazón, siempre afligido, llora?

Si pudiera estas incógnitas contestar,
hallaría solución a mi tristeza,
pero en lágrimas ahogo este penar,
que insensato me ataca con rudeza.

¿Cuántos seremos los seres que buscamos
esa alegría a nuestros pechos muertos?
¿Cuántos, Señor, los seres que esperamos
resurrección del ánimo, sobrecogido y yerto?

A ELLA

Embriagado en los recuerdos que te hieren,
se ha atrevido a escribir en este día,
tratando de formar una poesía,
quien, sin liviandad, tanto te quiere.

Si alguna vez tu sendero fue turbado
por un vil vehemente de aventura,
no merece el egoísta tu amargura,
que las puertas de la dicha te ha cerrado.

Da la espalda a aquel pasado incierto
y olvidar sería mejor aquella pena;
imposible no es, si un día Magdalena
mudó en jardín su corazón ya muerto.

SOLEDAD

Amores que se alejan como el viento,
dejando sangrante nuestro pecho,
vulnerado el corazón, el ser deshecho,
y lágrimas que riegan mi tormento.

Tristezas que turban la mirada,
lacerantes emociones de amor muerto,
ambiente umbrío, lúgubre y desierto,
sin el cálido aliento de la amada.

Hombre solo, melancólico y sombrío,
vida exhaustiva del que da su amor,
recibiendo en pago el solitario frío,
y esperaba, aunque en dádivas, calor.

¡Ay, qué enorme el sufrimiento mío,
qué desmedidos mi pena y mi dolor!

EVOCACIÓN

Conocí el amor siendo muy niño,
Cuando clareaba el día de mi edad temprana;
Acariciaba su suave piel de armiño,
Como el sol acaricia a la mañana.

Amor inocente de mi infancia,
Amor puro, noble y sin mentira,
Tú me diste del cariño la fragancia
Y las notas mejores de tu lira.

Tú me enseñaste el camino floreciente,
Sin contar con la retórica ampulosa,
Acciones no las hubo misteriosas,
Solo amor en nuestros pechos relucientes.

Te recuerdo en este acerbo día,
De mi infancia romántico pasado;
Víctima soy de mi suerte impía,
Porque solo me encuentro... abandonado.

TRISTE NAVIDAD

Una Navidad más,
qué triste es ella,
si se piensa en esos niños
que no tienen un bocado de alegría
y no pueden feliz pasarla.

¡Navidad! ¡Triste Navidad!
¿Por qué te vistes de amargura,
si eres símbolo de felicidad?

Cuando pasas por el mundo
dejas un cúmulo de lágrimas,
de corazones rotos,
de frustradas esperanzas,
de deshechos ideales.

En mí dejas el recuerdo
de esos niños que la dicha
jamás visita en su hogar,
de padres abotagados
de quebrantos y dolores
por no llevar a sus hijos
un miserable juguete,
o un caramelo que reste

el acíbar del dolor,
del llanto, del sinsabor.

¡Navidad! ¡Triste Navidad!
¿Por qué traes a mi alma
esta amarga y triste soledad?

UN DÍA...

Un día nos amamos locamente,
como deben amarse los mortales,
pero un día, un día, de repente,
se rompió nuestro amor, cual los cristales.

Ay, ese amor que los dos nos dimos,
era luz que emanaba el pensamiento,
era un dulce y agradable sentimiento,
tan inefable cuando lo sentimos.

Hoy vivo recordando aquel ayer,
que en su tiempo me hiciera tan feliz;
mas siempre habrá un pasado, una mujer,
que cuando acaba el amor te hará sufrir.

SILENCIO

Mi nada puedo escuchar,
mi silencio estoy oyendo,
que en mi vida es un estruendo,
estruendo que hace llorar.

¡Qué desilusión la mía!
Buscar un amor lejano,
para encontrar en sus manos
amor, vida y alegría.

Silencio es mi vida ahora,
que ensordece y que contrista;
pido a Dios, ante mi vista,
con su retorno, la aurora.

NO...

No reclames cariño a una mujer,
si cariño tampoco le has de dar;
no son juegos las cosas del querer,
son sagradas, se deben respetar.

No alimentes tu vida de ilusiones,
lejos está el ideal de la verdad;
no lamentes más tarde tus acciones,
si no te has puesto antes a pensar.

No le llames perdida a una mujer,
porque ha caído en el fangal del vicio;
una madre abnegada puede ser,
que por su hijo se hundió en el precipicio.

No cometas acciones que conoces,
están llenas de odio y de maldad;
oye del mundo las humanas voces,
clamando amor, comprensión, fraternidad.

AÚN

Espérame, hombre, con el pecho compungido,
me dijiste con delirio, cierto día,
y aún vibra en las paredes de mi oído
de tu voz esa dulce melodía.

Me miraste cuantas veces, amorosa,
vi brillar el sol en tu mirada;
me ofreciste la mañana más hermosa
con el cielo de tus ojos, prenda amada.

Aún veo ese celeste firmamento
que irradiaba de tu lánguida pupila,
y con tu dulce y armonioso acento
dieron paz a mis horas intranquilas.

Aún siento en mi rostro tu aliento,
aún siento tus besos en mi boca,
tu mano en mi mano aún la siento,
tu frente siento que la mía toca.

Ha pasado mucho tiempo y todavía,
hinchada de tormento, mi alma grita,
diciendo el nombre de la amada mía
con esta voz gastada, gris, marchita.

BAHÍA

Conociste de mi encanto y mi alegría,
fuiste testigo de lo intenso de mi amor;
en ti la dicha es más grande cada día,
no estar en ti es saber de la pena y el dolor.

Tu mar miró también, embelesado,
este amor que me consume y que me mata;
a él mi pena y desventura le he contado,
le dije del dolor de mi existencia ingrata.

Ay, Bahía, si en mi sufrir pudiera
posar en ti mis alas de ave herida,
por ese placer tan grande yo te diera
las horas menos tristes de mi vida.

TÚ ERES, BAHÍA...

Tú eres, Bahía, en mi dolor,
rostro de ébano esculpido sin edades,
ese amor que evitó las tempestades,
eres la sombra rigurosa de un adiós.

Eres pena que mora en tus rincones,
eres grito engendrado en tus arenas,
esa huella que se esconde sin razones,
eres playa, que es la llaga de mis venas.

Eres cadena, de mi infancia escapulario,
que estoico arrastraba en mi inocencia,
temprana lágrima brotada en mi calvario,
fantasma que juega con su ausencia.

Eres imagen difusa que mis ojos
grabaron al inicio del camino,
y que el tiempo convirtió en despojos
y de raíz arrancaba mi destino.

Bahía, si en el eco de tus calles
encuentras al niño que perdió el sendero,
guíalo con ternura y sin detalles
a encontrar el nido de su amor primero.

PENA OCULTA

Mis amigos pensarán que, porque río,
soy alegre, soy feliz y soy jovial.
Esta risa está ocultando un gran vacío,
el vacío de su ausencia, ese es mi mal.

Yo me río nomás para que crean
que me mata y enloquece la alegría;
si me río es porque quiero que no lean
en mis ojos la amargura de mis días.

Esa risa que aparece fresca y loca
es contraria a mi sentir, si sé que cuando
se asoma a los umbrales de mi boca,
está por dentro el corazón llorando.

Mi mundo interno es un santuario triste,
donde van mis penas a rezar;
allí no hay alegría, solo existe
un deseo interminable de llorar.

VE A LA PLAYA

Cuando mortifique a tu alma de querube
esa duda que nos hace hasta llorar,
no le pidas consejos a las nubes,
ve a la playa y conversa con el mar.

Que una noche le hablé de nuestro amor,
fue una noche que, con mi angustia a solas,
quise con los humanos dar calma a mi dolor
y, al no encontrarla, se la pedí a las olas.

Esas aguas azules que se agitan,
al impactar contra las rocas de granito,
te dirán que en mi interior palpitan
mil emociones que las traduce el grito.

Aquel grito doliente que esa noche
llegó sonoro hasta su entraña oscura,
fue a posarse como un negro broche
para fundir mi llanto y mi amargura.

Es por eso que te pido, si la duda
a tu alma alguna vez llega a inquietar,
cuando ya a tu alma ni la esperanza acuda,
ve a la playa y conversa con el mar.

TRISTE RECUERDO

En mi triste deambular por la ciudad,
llegué al frente de la ventana aquella,
donde tú aparecías cual estrella
a iluminar con tu luz mi oscuridad.

Y al pasar por ella con tristeza,
recordé nuestra amarga despedida,
cuando vi perderse tu cabeza
detrás del marco que te vio dormida.

Está el cuarto solitario y desolado,
no se advierte de nadie la presencia;
quedó con tu partida abandonado,
como queda mi alma con tu ausencia.

Ya nadie mora en aquel lugar,
el sitio que ocupaste está vacío;
nadie puede este lamento remediar,
nadie calma este espantoso frío.

LLORA, CORAZÓN

Llora el cielo y en mi alma se agiganta
una pena angustiosa que me oprime;
tétrico grito guardo en mi garganta
para ocultar lo que mi pecho gime.

Pecho mío, por el pesar devorado,
cuando ayer como el roble eras lozano;
hoy, enfermo por las leyes que ha dictado
el dolor, tu inseparable hermano.

Como el cielo oscuro, también llora,
que tu pena es más grande todavía;
tú tienes un ángel al que adoras
y desconoces la dicha, la alegría.

Llora, corazón, de pena llora.

OLVÍDATE DE MÍ

Tu amor se ha retirado a admirar nuevos paisajes,
no panoramas desolados ni desiertos;
sus gélidos colores para ti fueron ultraje,
por eso resolviste cambiar tu ánimo yerto.

Ahora admirarás con emoción vibrante
paisajes tropicales de mágicos colores,
y seguirás alegre del brazo de otro amante,
a quien le entregas hoy tus plácidos amores.

La brisa les dará distinta melodía,
susurrará a tu oído su cántico de amor;
será para vosotros el sol del mediodía,
caerás bajo el embrujo del prisma abrasador.

Mas lleva en tu conciencia que todo se consume,
lo que complace hoy, mañana dará hastío,
y cuando ya no tengas tu embriagador perfume,
olvídate de mí, olvídate, bien mío.

QUISIERA LLENARME...

Quisiera llenarme del valor que falta
y sentir la muerte como es de verdad;
yo asciendo hacia ella y la escala es alta,
subiendo, subiendo, voy por la mitad.

Si antes no clamaba tu gélido abrazo
fue porque mi madre odiarte me hizo,
mas hoy que mi vida buscarte a ti quiso,
en loca carrera voy tras de tus pasos.

Espérame, muerte, consuela al amigo,
entrégame toda tu dulce ternura;
recíbeme, muerte, y forma conmigo
las páginas tristes de esta amargura.

LA HERMOSURA

Si sois bellas, mujeres, tened calma,
o si acaso tenéis lindas figuras,
que en aquello no radica la hermosura;
la hermosura verdadera está en el alma.

No penséis que cuando el hombre llega
a entregaros ese amor, esa tristeza,
es tan solo vuestra real belleza
la que lo inclina a haceros esa entrega.

No, mujeres, vuestra creencia es falsa,
falsedad que a este mundo ha transformado,
falsedad que en todo tiempo ha motivado
letal dolor que el desamor alcanza.

¿Por qué sois ufanas, vanidosas?
¿Por qué matar el amor de esa manera?
¿O no sabéis que es la cosa más hermosa
que el humano siente hasta que muera?

RETIRO

Anhelo ir atrás del verde monte,
allá donde la paz reina y gobierna,
buscando a mi alma benignos horizontes
y sosegar la angustia álgida y eterna.

Allí, en el monte, con el viento y su murmullo,
con su sonido musical que embriaga,
he de encontrar en el rumor que vaga
a mi ingente dolor un tierno arrullo.

Aquel monte que destaca en la pradera
será aliciente a mi pesar profundo;
serán las aves mis sonoras compañeras,
cuando me ofrezca libertad el mundo.

AQUÍ ESTOY...

Aquí estoy,
con el dolor en mis recuerdos,
con mis sueños agotados
de clamar al cielo.

Soy la sombra
de una angustia calcinante,
el reflejo fiel
de una noche sin estrellas;
el vago vestigio
de una orgía de quimeras,
un harapo adolorido.

Soy la aflicción recostada
en el hombro del llanto,
llanto que quiebra
la raíz de mis horas;
aflicción engendrada
en tu infranqueable mirada.

Soy el que respira,
en vez de aire, la tormenta;
el que abriga su suspiro
en el manto de tu olvido;

soy, por fin, el hombre triste
que busca la dicha
en la hoguera de tu desamor.

APÁGATE, ASTRO...

Apágate, astro, mis nostalgias iracundas
se despiertan con tu luz maldita;
deja a la noche, mujer meditabunda,
acariciar mis horas enfermas y marchitas.

Ella, en mi soledad, es compañera,
que me sume en mágico letargo;
déjala venir, pues mi dolor no espera,
y los minutos del dolor son largos.

Ya no soporto mis pesares rutinarios,
que a mí se aferran al nacer el día;
insensible sol, que con tus rayos incendiarios
aumentas mi dolor, mi letal melancolía.

Deja a la noche que caiga sobre el mundo,
que nadie mire mi copioso llanto;
ella esconde mi dolor profundo,
ella alivia mi amargura, mi quebranto.

A SOLAS CON MI LLANTO

Otra vez, a solas con mi llanto,
fiel compañero de remotos días,
y tú, en medio de la fiesta y sus encantos,
gozando iracunda de su algarabía.

Yo, lamentando tu partida prematura,
tú, danzando con rítmicos sonidos,
y es tal mi desconcierto, mi locura,
que llega el eco musical a mis oídos.

Cuán irónica esta vida traicionera:
brindar amor y recibir quebrantos;
yo, recordando nuestro amor, una quimera,
estoy aquí, a solas con mi llanto.

EN SILENCIO

Te dije adiós con esta voz cansada,
tú, insensible a mi dolor, adiós dijiste.
Sigo solo y en silencio esta jornada,
con la huella del beso que me diste.

El tiempo pasará y a otras riberas
he de llevar este dolor conmigo,
buscando, acaso, terminar con esta espera
y dar así, a esta tristeza, dulce abrigo.

Si algún día recuerdas a este humano,
que tus frustraciones no caigan sobre mí,
que yo estaré, sueño mío, aunque lejano,
en silencio, acordándome de ti.

EN VANO

Su amor se fue sin darme calma,
no probé su virginal dulzura;
ha partido dejando sobre mi alma
los escombros de esta trágica amargura.

No conocí su verdadero encanto,
yo no supe de su mágico embeleso;
por ella es mi desventura, mi quebranto,
por ella fue, con pasión, mi último beso.

Ella no oyó mis súplicas fervientes,
por ella elevó mi voz sus oraciones;
forjé por ella lapidarias ilusiones,
sin nada conseguir, siguió fría, indiferente.

FINAL

Quise estar a tu lado eternamente
y ver por tus ojos esa vida que me espera;
que arrancaras de mi pecho y borraras de mi mente
esta congoja angustiosa que lacera.

Quise verte siempre de mi brazo,
que apoyaras en mi hombro tu cabeza,
que fueras guía de mis falsos pasos,
que fueras consuelo en mi tristeza.

Mas todos son deseos imposibles,
sin querer ambiente hostil he provocado;
son anhelos inalcanzables, intangibles,
murió el amor sin haberlo comenzado.

AÑORANZA

Todo fue en mi ilusión vaga esperanza,
levantada al amparo de un adiós;
hoy vive en mi alma la añoranza,
se separó el camino de los dos.

Solo quedan lánguidos recuerdos
de palabras tantas veces repetidas,
de miradas de consuelo, conmovidas,
de escasos gestos enigmáticos y lerdos.

Salvajes olas hicieron naufragar
mi frágil y solitaria embarcación
en el bravío y gigantesco mar
de su duda e impenetrable incomprensión.

Ya la nada consumió mi espera;
ojalá sea este mi último abandono;
nada hay que perdonar y, si lo hubiera,
a ella, más que a nadie, la perdono.

OTRO DÍA DE PAZ

Sin idioma, sin raza, sin nombre,
ven, amigo del mundo, a buscar
ese día que una a los hombres,
ese día de amor y de paz.

Olvidemos que existen fronteras,
crueles marcas de odio y dolor;
que, al izar con fervor la bandera,
no nos mueva el poder y la ambición.

Es mejor que, de amor, el camino
sea sembrado, olvidando las guerras;
que la sangre de nuestros vecinos
no sea el precio de un trozo de tierra.

No se imponga al soldado la creencia
de que matar por su patria es patriotismo;
él ofrece con orgullo su existencia,
y otro explota su altivez y su heroísmo.

Desterremos para siempre la violencia,
que la piel no nos haga rivales
y dejemos amor como herencia,
y que todos seamos iguales.

Abramos nuestras manos como amigos,
que se brinde amistad sin antifaz
y abriguemos la esperanza de que testigos
seremos del gran día de la paz.

IMAGEN EN EL ESPEJO

Era un niño, y recuerdo, sin embargo,
ese ángel que habitaba en tu mirada;
aún está fresco ese mágico milagro
de sembrar estrellas en mi almohada.

A tu lado conocí las primaveras,
surqué las galaxias de cariño,
alcancé horizontes sin fronteras,
cuando aprendiste a ser conmigo un niño.

Tu mano de ébano en mi mano
me conducía por mitológicos caminos,
pero esa tarde de tu adiós, en vano
busqué anudar tu destino a mi destino.

Se atropellan las imágenes febriles,
desde esa tarde te miro desde lejos;
maestra de mis sueños infantiles,
no he borrado tu imagen del espejo.

TANTAS MEMORIAS, BAHÍA...

Tantas memorias, Bahía,
se me enredan en la mente;
imágenes que todavía
llegan y se van de repente.

En tus portales quedaron
historias sin escribir,
y tus calles mutilaron
esas ansias de vivir.

En una de tus esquinas,
apenas clareaba el día,
quedó llorando una niña,
que en el tiempo se perdía.

Ella, de talle ligero,
con su uniforme muy blanco,
en sus ojos leí un te espero
y en los míos brotaba el llanto.

Allí, en tus blancas arenas,
inciertas como la suerte,
hizo su debut la pena,
mostró su rostro la muerte.

Tu asfalto de polvo y sal
alimentó mi esperanza,
pero también engendró
mis insomnes añoranzas.

Y fue una niña morena,
quien, al iniciar mi vida,
me enseñó lo que es la pena
y el dolor por su partida.

Primer paso en la existencia
y ya a cuestas con mi dolor;
soledades sin clemencia
laceraron con ardor.

Volví, Bahía, a tu senda
y mis demonios a buscar;
mi vida puse en ofrenda
y nada pude encontrar.

Aquellos brazos maternos
velaron mi gran desvelo;
su presencia me enseñó el cielo,
su ausencia, solo el infierno.

HOJAS SUELTAS

JORGE BONILLA ORDÓÑEZ

A mis hermanos:
Mercy
Santiago
Hugo
Fátima

(Una caricia a la distancia)

PRÓLOGO

Conocí a la familia Bonilla en Quito, a mediados de los 60, y quedó imperecedera una amistad que ha perdurado a través del tiempo. Para mí, fue una grata sorpresa saber que Jorgito, como le digo cariñosamente, es un prolífico poeta de versos hermosos que penetran el alma. Su lenguaje es diáfano y elocuente.

En *Hojas sueltas*, hace una apología de sus hermanos amados y de su gratitud hacia ellos, de los amigos sinceros que se fueron, de lo bello que es el amor correspondido y del desdén que se siente cuando solo tú eres el que ama. En *Hermandad*, muestra sin ruido el valor de la amistad, y para concluir, emite oraciones de gratitud y alegría a su inolvidable Colegio Mejía, cuna de campeones de la vida y el deporte.

Gracias por hacerme cómplice de tu encanto con las letras.

—RICARDO «ARMENDÁRIZ» (EL BOCHA)

POR AQUELLOS INMIGRANTES

Por aquellos que la mano del destino
los llevó a otras playas y riberas,
cabalgando por insólitos caminos,
de la patria cruzaron la frontera.

Por los que, tejiendo sueños y aventuras,
van en busca de metas más humanas,
por quienes pagan dignidad con amargura,
por los que rifan el ayer por el mañana.

Por los que alcanzan el pan de cada día
con dolor, con lágrimas y sangre,
por quienes cuentan por gotas su alegría,
porque de afectos del hogar viven con hambre.

Por quienes llevan grabadas en el alma,
con tinta amarga, el tatuaje de la ausencia;
por quienes ignoran armonía y calma,
por los que añoran de sus hijos la presencia.

Por aquellos que barajaron una espera
y en la elección cifraron su esperanza;
por quienes creyeron en promesas pasajeras
y jamás fueron peso en la balanza.

Por esos héroes incógnitos del mundo,
   por aquellos números sin gloria,
plasmo aquí mi respeto más profundo,
pues son ellos los dueños de la historia.

MIRANDO ATRÁS
(A Santiago, mi hermano)

Tu sendero es tan amplio y empinado,
que es imposible el intento de emularte;
desde mi línea, sin perfil, callado,
solo me queda quererte y admirarte.

Te miraba como al sol y cual natura,
que a todos brinda su luz y su calor,
cual la lluvia que riega la espesura
para llenarla de magia y esplendor.

Recuerdos de mi edad temprana,
de esos años ingenuos, soñadores;
fuiste guía y luz en mis mañanas
y el ejemplo que se sigue sin temores.

En este mundo falso, a veces vano,
cual consuelo son hermanos los amigos;
y tú, que eres el mejor de los hermanos,
te conviertes en el mejor de los amigos.

A través de un boleto de teatro,
que cambiara mi trayecto, mi destino,
me hiciste un mágico regalo
al poner a Víctor Hugo en mi camino.

De aquellos años inquietos y traviesos,
de aquella juventud en la alborada,
repartías con afán caricia y beso
en tardes y noches perfumadas.

Fue la época mejor,
de viajar por las raíces,
descubriendo amistad y amor
en todos sus colores y matices.

Vinieron las despedidas,
las distancias insalvables,
ya maduraba la vida,
la razón se hizo inefable.

La soledad fue tu amiga,
tu dulce y fiel compañera,
que esa pena no mitiga
y hace la angustia más fiera.

A veces hasta te esperaba
y de lejos te seguía;
si tus cartas no llegaban,
tu silencio comprendía.

En parajes extraños y lejanos,
de tus sueños levantaste el nido;
mas a tu terruño remoto, lejano,
jamás lo condenaste al olvido.

Siempre en tu mente tus queridos lares,
de tu patria el vergel tu pecho encierra;
los caminos, los espacios y los mares
nunca lograron que olvidaras a tu tierra.

Los dos sabemos que, al estar ausente,
al escuchar de la patria su canción,
ese himno se convierte de repente
en un rezo al Señor, en oración.

Y hoy, cual soldado de la ciencia,
arrancando vidas de la muerte al seno,
veo brillar tu apostólica conciencia
y emanar tu espíritu galeno.

En tu camino siempre diste pasos fijos,
apostando con decencia las partidas,
dejando como herencia a tus hijos
el claro horizonte de tu vida.

Si mis versos no merecen tu grandeza,
si no encuentras en mis líneas una flor,
perdona, hermano, mi rústica torpeza,
mis versos solo son de pena y de dolor.

BOHEMIA
(A Diego Romero)

Vibran las cuerdas que tus manos guían,
y tu música de artista brota ufana;
es un himno al amor, a la alegría,
que efusiva la guitarra emana.

Tus falanges, incesantes mariposas,
en vuelo mágico acarician el madero,
arrancándole sus notas armoniosas,
que vuelan por los aires cual viajero.

Noche bohemia que descansa en tu talento,
noche que a la amistad su altar levanta,
emotivo instante que alimenta el sentimiento,
en que tus dotes, cual ola, se agigantan.

Queda el momento grabado en la memoria
y en el alma, cual tatuaje, se eterniza;
fuiste la esencia, el núcleo de la historia,
que el retorno a mi terruño simboliza.

RETRATO
(A Osvaldo Souto)

Sabio y sereno que, cual agua mansa,
sin detenerte riegas la esencia de la vida,
dejando en cada surco la esperanza
y en el alma del amigo fe prendida.

Forjador de la amistad, insigne gladiador,
luz apacible que señala el derrotero;
en ti no hay brillo vano, seductor,
eres virtuoso de estirpe, eres entero.

Franco, gentil, amparo en la tormenta
para quien ante ti lleva su pena;
la puerta de tu hogar siempre está abierta
para hacer tuya la desgracia ajena.

Tu piedad sin envidias es tu emblema,
tu humildad es más grande que un gigante;
guarda tu pecho la más valiosa gema,
tu corazón, entre las gemas, es diamante.

Eres como el cristal, puro y transparente,
cual la montaña que se yergue hasta la altura;
es tu pasado libro abierto en el presente,
donde se nutre la madurez futura.

Esposo amante que te das sin esperar,
padre que con ejemplo predicas el honor;
en ti se inspira la palabra lealtad,
por ti crearon la palabra amor.

A veces pienso que es tan vulgar el suelo,
que cual morada mereces una nube;
tú no sabes de odios ni de celos,
porque tienes alma de ángel, de querube.

Fraternal entregas tu espíritu sincero
al extender tu generosa mano;
te dio el destino perfil de caballero,
que con nobleza ornas el quehacer humano.

IDEALISTA INCORRUPTIBLE
(A Abdón Calderón Muñoz)

Nombre ilustre de lucha y heroísmo,
abanderado honesto del deber y la verdad,
fulgurante luz que ilumina el patriotismo
de ese pueblo que hoy te llora en soledad.

De ese pueblo hoy, sin ti, abandonado,
sin la guía impoluta que marcaste;
fustigaste a tiranos y malvados
con tu temple irreversible e incesante.

Incorruptible idealista incomprendido,
enemigo del engaño y el delito,
incansable defensor del oprimido,
tu voz no callarán, hoy es un grito.

Quienes sentimos de nuestra raza el llanto,
ese dolor que arrastra nuestra historia,
lucharemos por lo que luchaste tanto
y será nuestro emblema tu memoria.

Esa bala no ha alcanzado tu estatura,
jamás podrán trocar tu suerte.
Miserables, hoy verán con amargura
que has nacido victorioso con tu muerte.

FOTOGRAFÍA

Vanidoso, estúpido, arrogante,
como enemigo peligroso, muy cobarde;
engreído, abusivo e ignorante,
ignorante hasta el vicio del alarde.

Mentiroso y falso hasta el delirio,
maquiavélico, hipócrita e infame,
pone a Dios como escudo en el martirio
que a su pueblo condena en sus desmanes.

«Con él o contra él» es su doctrina,
y opinar contra él es un pecado;
los fustiga con su lengua viperina,
y quien osa opinar es condenado.

Leyes y reglamentos manipula,
corrompe jueces, asambleas, tribunales;
el abuso del poder es como gula,
que ha llegado a extremos infernales.

Al corrupto cultiva, al honesto insulta,
protege al falsificador, al traficante;
al pueblo no lo oye ni consulta,
lo somete a un monólogo asfixiante.

Cambió «la noche oscura del pasado»
en tinieblas, en penumbras tenebrosas;
enterró el porvenir del joven renovado,
que creyó en sus promesas mentirosas.

Del débil se burla, se cree perfecto,
su burla es impía, sin clemencia,
sin pensar que la burla es el defecto
que le pone antifaz a la impotencia.

¡Pobre patria, te ahogan sus patrañas!
Hoy requieres de tu Juan Catilinario,
para que con su pluma mate alimañas
y nos libere para siempre del calvario.

Y LA VI LLORAR

Y vi a la ramera llorar,
sin saber qué pena la mataba,
acaso cansada de arrastrar
su enjuto cuerpo, quizá, pero lloraba.

Iba llorando su angustia por las calles,
quise saber cuál era su suplicio,
conocer de su dolor en sus detalles,
mas me detuvo mi miedo, mis prejuicios.

De trasnochados y borrachos, gris albricia,
riega lujuria allá donde camina;
vendedora de besos y caricias,
pregonera del amor en las esquinas.

La tragedia y el dolor de esa mujer
brotaban por sus ojos ya cansados.
¡Tanta podredumbre en este mundo ver!
Virgen del mal, qué triste es tu pasado.

BAJA EL GRITO...

Baja el grito como una ola hacia el estadio,
ruge el público argentino y catalán;
Lionel Messi ha destrozado el calendario
con su estampa de genio, de titán.

Se desplaza danzando por el césped,
controla los tiempos del rival;
es un ballet futbolístico el que ofrece
con su gambeta, su toque sin igual.

Corre, gira, se detiene, es su escenario,
él impone en el rectángulo su ley;
rompe todos los esquemas adversarios,
hace fácil lo difícil, solo él.

Nadie detiene su marcha hacia la meta,
todos se rinden a su paso vencedor;
infla las redes con versos de poeta,
es del fútbol el artista, el gladiador.

Para llegar a la cúspide, a la cima,
no requiere de títulos ni gloria;
no existe copa que homologue, que redima
al máximo exponente de la historia.

GRATITUD

A Dios, a la vida, al destino,
con creces agradezco el privilegio
de haber puesto, desde mi cuna, en mi camino
al personaje correcto, oportuno y regio.

A mis padres, la bondad y fortaleza,
la importancia de la decencia y el deber,
el tesón para alcanzar doradas metas,
con que tejieron mi espíritu y mi ser.

A mis hijos y esposa, ese coraje
de enfrentar la existencia y los reveses;
ser compañeros y testigos de este viaje,
que alimenta, instruye, fortalece.

A mis hermanos, ese efecto de caricia
a través del tiempo y la distancia;
de cada encuentro, la mágica delicia,
las vivencias y memorias de la infancia.

A mis amigos, agradezco ser amigos,
esas horas que sin tregua escucharon
mis pesares, que con ellos yo mitigo,
los que, sin celos, día a día me enseñaron.

A todo aquel que cruzó por mi sendero,
aportando su porción de cal y arena;
los que dolieron, los que fueron llevaderos,
todos hicieron mi vida más serena.

AMAR ES...

Amar es encontrar en los sueños la ilusión,
es dejar buenas huellas, no heridas en el alma,
es morir cuando está deshecho el corazón,
es recorrer el sendero en paz y calma.

Amar es sentir que la fe agoniza,
es llevar al paraíso la esperanza,
es la gloria que en la tierra se eterniza,
es buscar la dicha que jamás se alcanza.

Amar es esperar a quien se ha ido,
es sufrir una ausencia que te agota,
es ganarle la batalla al olvido,
es sentir en la sangre las derrotas.

Amar es una noche llena de sorpresas,
es perderse sin luz en el camino;
es estar muerto y sentir que ya regresa
a darnos vida ese amor divino.

Amar es una lágrima en silencio y soledad,
es una risa abierta y resonante,
es enfrentar del dolor la tempestad,
es suspirar de dicha a cada instante.

LLEVA UNA CRUZ...

Lleva una cruz que opaca su mirada,
oculta el miedo que en su alma mora;
acunan sus sueños futuras alboradas,
de un mañana que no llega, que demora.

Saluda al sol con preguntas agotadas,
mas no quiere escuchar respuesta alguna;
la ruleta de su suerte está jugada
y sospecha que es esquiva la fortuna.

Cuelga en frías madrugadas la esperanza
de volver a barajar horas febriles,
de un ayer que se esconde en lontananza,
que marcaba sus delirios juveniles.

Su tiempo caducó, se pierde en el ocaso
de un pasado que se va y no se rescata;
en vida muere y siente aquel abrazo
de una muerte que te acosa y no te mata.

CUANDO TUS LABIOS...

Cuando tus labios rozan a los míos
y dibujan mis líneas, ese instante
se hace eterno y mi alma siente un frío,
que refresca mis cuitas más punzantes.

Y se pierden mis penas en la nada
cuando siento la ligera caricia de tu boca;
busco ansioso tus ojos, tu mirada,
busco tu alma, que a la mía así provoca.

Y no puedo descifrar este misterio,
que brota solo en nuestra diaria despedida,
y aunque es tu beso mi diario cautiverio,
no quisiera que te vayas todavía.

Quiero el refugio de tu mirada de esperanza,
quiero eterna tu caricia de un segundo;
que sean tus ojos, donde mi ser descansa,
los que alumbren, por fin, mi nuevo mundo.

HE QUERIDO...

He querido locamente, sin sentido,
sin razón, sin pensar en consecuencias;
otra forma de amar no he conocido,
al dar amor entrego la existencia.

Siempre mi vida fue una larga espera,
esperando con fe absurda y ciega,
como la loca que espera en la ribera
ese amor idealizado que no llega.

De los besos siempre di el mejor,
ese beso ardiente de la entrega,
del que busca consumirse con ardor,
ese que el alma con ternura riega.

Y es que amar es vivir un mundo nuevo,
es nacer, respirar y dar vida a la idea;
es acompañar con una risa los recuerdos,
pues el amor es de la vida panacea.

No advertimos jamás que los momentos
más gratos con lágrimas se pagan,
que después de esos días que te halagan
llegan noches de llantos y tormentos.

Para ser feliz, la vida es corta,
hay que olvidar lo que duele y atormente;
haz feliz a quien de verdad le importas
y no al que te ignore y que te miente.

PASO FUGAZ

Es muy ardua la ruta en la existencia,
la vida nada te dona o te regala;
hay que enfrentar y vencer las resistencias
en todos los sentidos, en todas las escalas.

Desde el nacer, la vida está marcada,
nadie escapa de la mano del destino,
es como un naipe, una carta ya jugada,
que sin pedirla se te cruza en el camino.

El día a día es una competencia,
una prueba de quién llega primero;
sobrevivir, primer deber de la conciencia,
y nadie quiere un sustento pasajero.

Nos enseñan a escoger lo que creemos
es lo mejor, y ahí empiezan los deslices;
por el dinero y bienestar enloquecemos,
cuando solo necesitamos ser felices.

Y el amor hace su entrada de repente,
a veces da la vida, a veces mata,
es vendaval que arrastra en su corriente,
es sensación demente e insensata.

Nos perdemos, por amor, nosotros mismos,
hasta que llega el momento verdadero;
mientras tanto, bordeamos el abismo,
mas por fortuna encontramos el sendero.

Y cuando todo parece tan brillante,
pasó raudo el tiempo en su carrera,
nos enfrentamos en la vida a lo importante,
a despedirnos para siempre de esta esfera.

UN SIMPLE ABRAZO

Nuestras almas lánguidas y rotas,
en un abrazo se fundieron compungidas,
y del pecho brotaron, gota a gota,
las razones que causaron las heridas.

Coincidieron en aquel sublime abrazo
nuestras formas, nuestras quejas, nuestros llantos;
se juntaron uno a uno los pedazos
de aquel ayer plagado de quebrantos.

Y se fueron expulsando los momentos
que, sin criterio, la mente colecciona,
y de a poco se esfumaron los tormentos,
y ya el espíritu la paz solo pregona.

Y huyeron de la mente los temores,
hoy fue enseñanza lo que fue fracaso;
los abrojos del sendero ya son flores
con la buena intención de un simple abrazo.

ME GUSTA...

Me gusta ver la vida en sus detalles,
ver repasar el pasado en los ancianos
y transmitirse amor, tomados de la mano,
cuando caminan despacio por las calles.

Me gusta siempre, desde mi ventana,
ver caer la lluvia, las hojas, la nieve;
me gusta, a veces, a una hora temprana,
mirar al sol cuando a salir se atreve.

Me gusta, sin afán de recompensa,
tender mi mano abierta a los amigos
y, en ocasiones, hasta a los enemigos,
que alguna vez me hicieron una ofensa.

Me gusta, a veces, así nomás, a veces,
bajo la lluvia acompañar mi soledad
y sentir que dentro de mi pecho crece
la ilusión que permite volver a comenzar.

Me gusta ver que escapan del espejo
esos recuerdos que flotaban en mi afán;
me gusta ver que se van muy lejos,
tan lejos, que jamás ya volverán.

TE BUSCABA...

Te buscaba en las heridas del dolor,
en el ronco sonido del silencio,
en la causa, en la razón de la razón,
en el eco de los gestos necios.

Te buscaba en el paisaje del olvido,
te buscaba en los suburbios de tu cielo,
en la luz de un lucero compartido,
en el borde ingrato de los sueños.

Buscaba sin desmayo las pisadas
que en el aire había dejado tu destino;
por buscar tu vuelo, me quedé sin alas,
perdí mi norte, me perdí yo mismo.

Te busqué en las sombras de la lluvia,
en el inerte cadáver de mi risa,
en la almohada que jamás fue compartida,
te busqué, con impaciencia, hasta en la brisa.

Te busqué en el beso que embelesa,
te busqué en mi corazón herido;
yo creí hallarte allí, ¡y qué sorpresa!,
hasta del corazón ya te habías ido.

EL TIEMPO SE VA...

El tiempo se va, se van los años,
y de un día para otro estamos viejos;
y queremos mentirnos, es un engaño
el pelo blanco y las arrugas del espejo.

El paso se acorta, ya está lento,
se tornan lánguidos los ojos, la mirada;
la juventud pasó tan rauda como el viento,
sin advertir, sin anunciar su retirada.

Se malogra el físico a raudales,
de golpe llega la vejez temida;
la madurez ayuda, ya sin ideales,
sin temer la muerte, amar la vida.

ECUADOR, YO NO TE OLVIDO...

Ecuador, yo no te olvido,
si formas parte de mí;
¿cómo olvidar Manabí,
si en esa tierra he nacido?

En mi Bahía sonriente,
ya tu Jacinto lo dijo:
"Eres clavel tan fijo
que adornas el continente".

Tierra bravía, hoy te evoco,
se me antojan tus aromas y sabores:
tamarindos, bizcochuelos, alfajores,
tu salprieta, tu manjar de coco.

¿Cómo olvidar ese mágico esplendor,
con plantas y animales encantados,
que quedaron en el Génesis plasmados,
el Archipiélago de Colón?

Esa provincia morena,
la reina de la cocada,
que la mar, cada alborada,
acaricia en sus arenas.

De aquella perla risueña,
que el mar ignoto la baña,
es la esencia de su entraña
la mujer guayaquileña.

Esos ríos azulados,
que esculpen tu serranía,
dan a Cuenca cada día
ese abrazo, enamorados.

El Chimborazo se me figura,
con su porte soberano,
que protege tan ufano
a Riobamba desde su altura.

Natura castigó con sus rigores
a Ambato, mas le ha dado su fortuna:
coronar su frente con tan bellas flores,
por ser de las letras la real cuna.

A veces, entre las brumas,
muy a menudo consigo
recordar a aquellos amigos
de Babahoyo y Zaruma.

La luz de América, Quito,
que con sus chullas encanta,
de los Andes se levanta
para alcanzar lo infinito.

Primer paso al porvenir,
teatro de mis empeños,
amargos y dulces sueños
en tus calles yo viví.

Y surge del pasado la alegría,
de aquel pasado que rozó la gloria,
ese grito pletórico de euforia:
"¡Que viva el Patrón Mejía!".

EN ESTA NOCHE...
(A Alfredo)

En esta noche que me abriga el frío
y es la soledad mi dulce compañera,
quiero escribir, sin que el lápiz escribiera,
la triste historia de un amigo mío.

De aquel que no conoce a sus mayores,
aunque a ellos dedica sus acciones;
de aquel que mata los dolores,
de aquel que ríe y llora sin razones.

En mi hogar encontró pan y almohada,
de mi historia el personaje triste.
¿Qué rompió el balance en tu jornada?
¿En qué momento la brújula perdiste?

Eres hondo suspiro de la vida,
o hálito débil que este mundo exhala;
sueñas, acaso, en un ayer de gala,
cuando tu madre en una cuna te mecía.

O quizá tuviste un miserable ayer
y solo amasaban hambres y pesares,
como los pobres amasan en sus lares,
porque solo hay hambre que comer.

O fue quizá que el derecho tan sagrado
de nacer un día te negaron,
y fue el nacer en tu vida el gran pecado,
y por eso en un rincón te abandonaron.

Sigue esperando que, tal vez, mañana
puedas descifrar esta doliente historia,
mas no apartes jamás de tu memoria
que la pena y la dicha son hermanas.

Que Dios desde el cielo te bendice
y tus pasos correctos encamina,
y en su manifestación de bondad te dice:
«Bienaventurada tu existencia peregrina».

CUÁNTAS LÁGRIMAS...

Cuántas lágrimas de amor he derramado,
cuánto tiempo mi pecho ha estado herido;
sin embargo, en la vida no he encontrado
alivio a mi penar, a mi dolor olvido.

Mi mano a cuántas puertas ha llamado,
cuántas veces mi voz dio su gemido,
pero nadie a mi clamor ha contestado,
nadie conoce mi pesar sentido.

Meditabundo en medio de este ruido,
ruido que aumenta mi letal dolencia,
recordando los amores que se han ido
y pienso en cuántos pasarán por mi existencia.

QUISIERA SABER...

Quisiera saber de la dicha el precio
y pagarlo a un tiempo, de una vez,
y dejar de ser ese gran necio,
que busca felicidad con avidez.

Cuánto cuesta la paz, cuánto la calma,
en busca de ellas se nos va la vida;
para darle tranquilidad al alma,
se ha de tener que cerrar cuántas heridas.

Cuántas llagas se le abren al que quiere,
cuántos dolores se recogen por la vía;
en la vida las personas siempre hieren
por envidia, incomprensión o cobardía.

Todos pretenden de los demás la perfección,
se busca en el débil la falta más leve;
el juicio es inhumano, es sin compasión,
se paga con creces lo que no se debe.

Sin piedad se oprime a quien se entrega,
se acosa y persigue sin justo motivo;
se lucha con ansias, inútil la brega,
aun sin merecer, recibes castigo.

Los sueños se mueren, igual las promesas,
amor y comprensión son flor de un día;
muchos son los Judas que hoy te besan
y mañana la traición, la alevosía.

El humano cree que todo lo merece,
jamás se devuelve el don recibido;
la gratitud en el mundo languidece,
va quedando poco a poco en el olvido.

Agoniza el afecto, sobrevive el interés,
se manipula a través del sentimiento,
el mundo no aplaca su ambición, su sed,
no se detiene la codicia, va en aumento.

No aceptar culpas es historia repetida,
siempre es el otro quien se excede en los niveles;
todos somos inocentes en la vida,
la lealtad es monopolio, los demás son los infieles.

Es imposible cambiar por quien se ama,
se exige perfección a los amigos;
a la solidaridad se le apagó la llama,
de la caída de todos queremos ser testigos.

¿Cuándo se acaba la infamia en este mundo?
¿Cuándo dormirá para siempre el orgullo?
El amor es hoy un triste vagabundo,
que fue tormenta y hoy es un murmullo.

HOJAS SUELTAS

Este amor que nos ata es condena,
Nunca empezó y no tuvo final,
Quizá por eso es como cadena,
Que arrastraremos por una eternidad.

***

Ella quiso morir en mis sentidos,
La dejé sucumbir en mi memoria;
La extirpé del corazón adolorido,
La borré para siempre de mi historia.

***

Con empeño busco hasta tu sombra,
Grabo tus mimos en la palma de mis manos;
Eres la dicha que se siente y no se nombra,
Eres placer prohibido a los humanos.

***

Yo no sé si mis días están contados,
Pero nadie me quita lo vivido;
Hasta pienso que lo poco que he gozado,
Recompensa lo mucho que he sufrido.

***

Quisiera ser prisionero en tu mirada,
Ser rehén de tu piel, de tus caderas,
Perderme en esas curvas pinceladas,
Que a mi otoño le da tu primavera.

***

Fuiste en mis sueños hermosa realidad,
En ti quedaron mis ansias, mis empeños,
Mas esa noche del adiós vi mi verdad,
Solo fuiste en realidad un triste sueño.

***

Ni demasiado ni poco,
Dice el sabio es la medida;
Por eso es cosa de locos
Los excesos en la vida.

***

En esas noches de soledad y frío,
En que sentimos las manos tan vacías,
Me pregunto, así nomás, si es que podría
Tu cuerpo acostumbrarse sin el mío.

***

Qué sentimiento sublime, sobrehumano,
Del alma llega a lo más profundo,
Cuando entrelazas tus manos a mis manos,
Siento que soy lo más grande de este mundo.

***

Fue tenaz incinerar aquel pecado,
Que cual simbólica canción se mantenía;
Como ofrenda funeral a ese pasado,
Quemé sin culpa su fotografía.

***

En esta época de ciencia y de progreso,
Mas en humanidad vacía y seca,
Se hace normal ver a una niña jugando a las muñecas,
Con un muñeco real de carne y hueso.

***

Nadie como tú dejó mi alma triste,
Ni torció tanto mi ruta, mi camino;
Guardo el beso que jamás me diste
Colgado en la sombra del próximo destino.

***

Tú te marchas y yo emprendo el viaje,
Con un dolor que explota aquí en mis venas;
Tu mirada es mi único equipaje
Y el llanto el pasaporte de mis penas.

***

Tú me diste la esencia de tus noches,
Yo te di el néctar de mis sueños;
Y al final partimos sin reproches,
Comprendiendo que el amor no tiene dueño.

***

Siempre pienso, mirando el cielo azul,
Lo afortunado que en la vida he sido;
Ningún hombre en la existencia ha tenido
Una hija tan grande como tú.

QUIZÁ... TAL VEZ...

Yo la esperé sin prisas, con paciencia,
ella faltó a la cita del destino,
ella fue infiel a nuestro pacto de conciencia,
tuvo miedo de caminar nuestro camino.

Quizá la sedujo otro sendero,
las distancias nunca fueron atractivas;
algo cercano, algo tangible, verdadero,
llenó con creces sus expectativas.

Tal vez no fue real, fue un simple sueño,
del que despiertas en medio de la vía,
tirado en la vereda como un leño,
borracho de quimera y fantasía.

Y se pierde la realidad, se pierde el norte,
cada segundo se suda en la partida;
queda sellado con sangre el pasaporte,
que conociste el infierno de la vida.

Quizá por tanta espera, tantas vueltas,
me acostumbré a irme sin regreso,
tal vez fue para mí la última gesta,
la tarde de aquel negado beso.

AUSENCIAS

Te fuiste un día cuando el amor era muy niño,
cuando apenas clareaba la esperanza;
me extravié en la seda de tu piel de armiño,
me enredé en el dolor que sin piedad avanza.

Fui la semilla que sembró en tu sombra
la triste historia de nuestro caminar;
yo fui la hoja, el césped y la alfombra,
donde llevabas tu tedio a descansar.

Los demonios de tu ayer te despertaron
de ese sueño de siglos, confundido,
y de mi lado para siempre te llevaron,
dejando ausencias en mi pecho herido.

CUANDO TE AMAN...

Cuando te aman con pasión enardecida
y saturan de ternura tu existencia,
quien ama así merece hasta la vida,
te lo dicta el honor y la conciencia.

Mas para aquel amor que arranca los cimientos,
que te hiere y flagela los sentidos,
es absurdo malgastar los sentimientos,
hay que abrir las puertas del olvido.

Cuando alguien mima tus horas, tus mañanas,
y te entrega un corazón limpio y sincero,
tu alma vibra y la pasión te gana,
ya nada es igual, ese es tu amor cimero.

Mas cuando solo tú eres el que ama
y con desdén se paga tu pasión, tu ruego,
ese dolor arrójalo a las llamas,
que lo consuma para siempre el fuego.

Y SIN EMBARGO...

Jamás tuvimos nuestras manos enlazadas,
nunca tu piel acarició la mía,
y sin embargo, en las frías madrugadas,
siento tus manos que se juntan con las mías.

Jamás tus ojos navegaron en mis ojos,
nunca sedujo tu mirada a mi mirada,
y sin embargo, en mis míseros despojos,
siento tus ojos que acompañan mi jornada.

Nunca tuve la dulzura de tus besos,
jamás tus labios se posaron en los míos,
y sin embargo, cuando imagino tus excesos,
siento tus besos que llenan mis vacíos.

Jamás tu cuerpo en mi cuerpo se fundió,
nunca sentiste mi piel dentro de ti,
y sin embargo, desde que el amor murió,
nuestros cuerpos comulgan en ardiente frenesí.

CUANDO VALE LA PENA

Cuando rozas tu piel contra mi piel,
hay una comunión, silencio pleno;
no existe religión, no existe ley
que detenga nuestro amor sin freno.

Los gemidos y suspiros se confunden,
se entreveran en las ansias que moldeo;
nuestros cuerpos se mezclan y se funden
en el crisol ardiente del deseo.

El amor físico sacia con pasión la sed
de corazones anhelantes y sedientos;
se entrega el alma y la vida cada vez,
es el lenguaje de ósculos hambrientos.

Y es que cuando amar vale la pena,
cuando ese amor cura las heridas,
ya no importa sufrir una condena
y ser esclavo de ese amor toda la vida.

NIÑA

Niña, que ofreces tus vírgenes caricias,
borra el sueño que conmigo te has forjado;
no puedo amarte, dale a otro tus delicias,
el verdugo no seré de tu pecado.

No podría, de tu carne fresca y pura,
hacer el ardiente sendero de mis ansias;
me darás tu ser, te daré amargura,
consumiendo tu juventud y tu fragancia.

Mi amor y pasión se han concentrado
en la dulce compañera de mi suerte;
tú conoces mi devoción, te la he contado,
seré de ella y solo de ella hasta la muerte.

Ella es mi religión, en ella encuentro
todo lo bueno que depara la existencia;
es en mi vida mi brújula, mi centro,
me ha enseñado de vivir la hermosa ciencia.

Ella es quien perdona mis errores,
es la mano generosa que me guía;
ha calmado mis angustias, mis dolores
y tú serás en mi vida flor de un día.

No quiero que de tu vida el despertar
esté marcado de trágicos pesares;
toma mi mano, mi consejo, mi amistad,
ve y conquista tu amor en otros lares.

TÚ ME PIDES...

Tú me pides que borre de mi mente
esas horas eternas, que, extasiado,
te contemplo absorto, enamorado,
si de mi vida eres la divina fuente.

Déjame amarte en silencio y locamente,
no me apartes, te lo ruego, de tu lado;
quiero pagar con mi dolor presente
esa ausencia de dolor en mi pasado.

Déjame verte coronada con mi llanto,
tu trono haz con mi pesar, bien mío,
no me impidas el quererte tanto,
sin tu amor me matará el hastío.

VIAJE DE REGRESO

Quizá no supe ser buena persona,
para que Dios y la mano del destino
me premiaran y, tal vez, en buena hora
te pusieran nuevamente en mi camino.

Solo Dios sabe de mi larga espera,
de ese grito callado de mi herida;
la esperanza de encontrarte es compañera
de décadas amargas y perdidas.

Año tras año por ti elevé mis oraciones
a un Dios que muy poco conocía;
y hoy le suplico con todas mis pasiones,
que antes de morir, quisiera verte un día.

Solo quiero, con ternura, darte un beso
y acunarme, sin miedo, a tu corpiño,
y será como un viaje de regreso,
de mi Nana velando por su niño.

ESTRELLA INALCANZABLE

Te pienso en mis horas solitarias,
vas prendida como hiedra en mi memoria,
eres como droga, que me produce euforia,
una dosis al día, necesaria.

Sin embargo, mi existencia ignoras
y no puedo mis sueños confesarte;
cómo decirte que en mi alma moras,
cómo decirte que nací para adorarte.

Mi deseo es despertar y no me atrevo,
mi corazón enamorado lo ha prohibido;
un altar para adorarte en él elevo
y jamás enterrarte en el olvido.

Es un tormento llevarte en mí prendida
y saber que eres sueño inalcanzable;
¿por qué me amargo, Señor, así la vida,
si ella es una estrella inalcanzable?

PREGUNTAS

¿Será la muerte bella y perfumada?,
¿Será horrible y nauseabunda?
¿Será blanca, tierna y delicada?,
¿Pura, sin manchas, pudibunda?

***

SER CRUCIFICADO

Hay un Cristo de ternura en los hogares,
de pasión un Cristo en los amores;
yo en el alma tengo un Cristo de pesares
y en el pecho otro Cristo de dolores.

***

LA ÚNICA VERDAD

Meditando en mi esperanza ya extinguida
y en el revés irreparable de mi suerte,
llegué a la conclusión que en esta vida
la única verdad que hay es la muerte.

***

MIS LATIDOS

Si pasar pudiera yo al papel
los latidos que da mi corazón,
al leerlos se pudiera saber
que tempestades y tormentas son.

ES POR ESO...

Porque a veces, por capricho, somos víctimas del viento,
que muy lejos y sin rumbo va arrastrando nuestro nido;
porque el corazón se entrega a otro corazón hambriento,
es por eso, sin pensarlo, que llegamos al olvido.

Porque la traición nos hiere, nos golpea y aniquila,
porque siempre las esperas son absurdas, sin sentido;
porque en nuestro caminar llegan rutas más tranquilas,
es por eso, sin pensarlo, que llegamos al olvido.

Porque la mentira infame algún día te despierta,
porque la angustia desangra cuando el pecho queda herido;
porque penetra otro ser por aquella herida abierta,
es por eso, sin pensarlo, que llegamos al olvido.

Porque el desdén y el desprecio son del alma su veneno,
porque, a pesarnos, llega cual cadena lo vivido;
porque ya no nos engaña lo que ayer creímos bueno,
es por eso, sin pensarlo, que llegamos al olvido.

Porque no tiene sentido amar a quien no te ama,
porque, quizás, a ese fuego que mantuviste encendido,
sin provocarlo siquiera, ya se le extinguió la llama,
es por eso, sin pensarlo, que llegamos al olvido.

A VECES LA VIDA...

La vida nos lleva saltando veredas,
sorteando caminos que nunca se escogen;
a veces nos llevan por sendas de seda,
a veces por rutas que dolor recogen.

A veces la vida es néctar amargo,
que corre en la sangre y el alma envenena,
la abraza y la sume en fatal letargo,
a veces la vida es una condena.

A veces la vida sorpresas derrama,
nos mima, nos brinda placeres y encantos;
nos rifa ilusiones que a veces se ganan,
mas su premio, a veces, es angustia y llanto.

A veces la vida el pecho flagela,
a veces nos tiñe de vivos colores;
nos brinda ilusiones y, cual madre, vela
y aparta del alma tan cruentos dolores.

A veces la vida la dicha arrebata,
a veces la vida sonrisas ofrece,
a veces da vida, a veces te mata,
a veces la vida, la vida a veces.

OFRENDA

(A Dr. Carlos Cornejo Orbe)

Pastor, que has perdido un corderito
del feliz rebaño que formabas;
tú lanzaste al cielo horrendo grito,
pero al cielo tu queja no alcanzaba.

Si perdiste tu joya más preciada,
no declines, pastor, en tu camino;
son reveses que dicta el cruel destino
para hacernos la vida desgraciada.

Vence al mundo, al destino y a la suerte,
tres corderos esperan la partida;
aunque sea el vivir para ti muerte,
y aunque sea el morir para ti vida.

HACE UN MES...
(A Sra. Rosita de Cornejo)

Hace un mes que te fuiste, angelito,
a adornar la morada del Señor,
y verás con el Dios de lo infinito
que a tu madre la golpea aún el dolor.

Hace un mes que es ignota la alegría
en el hogar que tus pasos dirigió;
la llevaste, Pepito, aquel día,
cuando Dios a su lado te llamó.

Un mes de llantos y torturas
por la ausencia de tu canto angelical,
un mes en nuestros pechos la amargura,
amargura imposible de aliviar.

HERMANDAD
(A Sebastián Cornejo)

Dos aves somos, que en un mismo vuelo
vimos rodar las horas de la vida;
subimos a la cumbre, bajamos al abismo,
porque fueron nuestras tu ascensión y mi caída.

Miro hacia atrás y contemplo emocionado
mi incomprendido pasado en el instante regio,
cuando hicimos un tácito tratado
de amistad en las entrañas del colegio.

Y así hemos ido por la misma senda,
sintiendo en el camino los reveses
que nos brindaba esta existencia horrenda,
apurando de la pena hasta las heces.

Por eso, en estas líneas yo quisiera
mostrar sin ruido el valor de la amistad,
izando al mismo tiempo la bandera
de un sentimiento noble trocado en hermandad.

Porque del amor y la amistad la faz es alba,
al bien ajeno siempre están despiertos;
que si amistad es dos cuerpos en un alma,
el amor es dos almas en un cuerpo.

Recibe este humilde ofrecimiento,
es una muestra de cariño al gran hermano;
es tan difícil grabar los sentimientos,
mas dispensa el dolor del triste hermano.

EL TIEMPO ME DICE...
(A mi hermano Hugo)

El tiempo me dice que cumples veinte años,
mira qué veloz que el tiempo ha corrido,
si ayer nomás pisamos los peldaños
de aquella niñez que quedó en el olvido.

Juntos galopamos extraños senderos
y las travesuras felices seguían;
juntos aprendimos falso y verdadero,
juntos conocimos dolor y alegría.

A todo galope nuestra juventud
llegó de repente, sin tocar la puerta;
hoy vives buscando, sin cesar, la luz
que te guíe por la senda más correcta.

Yo solo quisiera que hoy y mañana
vayamos surcando el mismo camino,
que sea el reflejo de la edad temprana,
tan alegre y sin manchas el destino.

A TU PARTIDA
(A Carlos Bermúdez)

Se ha desprendido un pedazo de mi vida,
al decirte adiós, hermano y compañero.
Soy uno más de los que lloran tu partida
y en tu nuevo destino mil dichas te deseo.

Tú llenaste un pasaje en mi existencia,
mas al irte el cuadro está vacío;
pero así, aunque falte tu presencia,
mi mente ha de llevarte, amigo mío.

MISIVA A UNA FLOR
(A Sonia Bermúdez)

Olvidándome del mundo y de la vida,
de todos los pesares y tristezas,
he de escribir a quien vive dormida
ante el rigor del llanto y su fiereza.

Escribirte es hacerlo a la inocencia,
a lo más puro que en el mundo mora;
es levantar un altar en la conciencia,
como el que eleva quien a Dios implora.

Yo te imagino como una flor temprana,
que va regando aroma por su paso;
el sol te encuentra mágica y lozana
y te engalana en todos sus ocasos.

Pasa el tiempo sin perderse tu hermosura,
es tu huella indeleble de grandeza;
todo pasa en esta vida oscura,
menos tú con tu inocencia y tu pureza.

CANTO A MARÍA
(A los primeros versos)

Me lleno de quietud, de ingente calma,
cuando llego a tu ara a implorar,
donde te ofrezco el corazón, el alma
y voy con tu bondad mi pecho a iluminar.

Mi joven ser, por ti latente, madre mía,
canto espontáneo te eleva con fervor,
y mientras canta se contagia de alegría,
por ti sintiendo un infinito amor.

Tú apaciguas mis pesares y mi llanto,
irradian tus ojos cual lucero;
guardas, María, en tu manto sacrosanto,
libre de injurias y pecado, al mundo entero.

TÚ ERES ESTRELLA...
(A Andrea Garzón Cedeño)

Tú eres estrella que brilla a la distancia,
oasis salvador en el desierto,
extraña flor con singular fragancia,
eres el faro que guía hasta buen puerto.

Es tan corto tu camino y, sin embargo,
lleva tu acento madurez, sabiduría,
eludiendo en tu entorno días amargos,
procurando con tu fe mejores días.

Eres punto donde todo se concilia,
eres fuego que el hogar aviva,
el apoyo existencial de tu familia,
como lluvia moral que cae de arriba.

Todos quieren tener éticos bienes,
esa luz especial que hay en los seres;
podrán, acaso, superar lo que tú tienes,
pero nunca superar lo que tú eres.

Eres la hija que todo el mundo anhela,
la amiga fiel en quien todos confían;
a ti que nadie te envidia ni te cela,
mereces que la vida te dé paz y te sonría.

QUINCEAÑERA

Gallarda flor que en el pensil humano
vas prodigando aroma en tu jornada,
con avidez buscando la tibieza de una mano,
que te conduzca ufana a la región soñada.

Sigue en tu marcha altiva y soñadora,
tu existencia inunda en el celeste encanto;
huye del mal, de la pena destructora,
que no conozcas de la amargura el llanto.

Busca el sol que alimente tu hermosura,
el sol renovador que, en tu camino,
ilumine la pureza de tu sino
con desmedido amor y dulcísima ternura.

DE MI ANGUSTIA...
(Carta a Sandra)

De mi angustia al doblar la esquina,
me ha dicho el viento al oído,
que de un rosal sin espinas
hermosa flor ha nacido.

He cubierto mi herida,
he secado mi llanto;
mi equipaje de tristeza
en un rincón lo he olvidado,
y hasta mi cara mustia,
(perdona, es que estoy tan triste),
sonriente mueca he arrancado.

Al dolor con que me nutro
le he pedido clemencia hoy día,
que me libere unas horas
y gritar por tu llegada
y disfrutar por tu vida,
aunque más tarde, sobrina,
continúe mi agonía.

Te preguntarás, quizás,
el porqué de mi amargura,
pero es que con Dios está

el que ayer me dio ventura
y que, por causas fatales,
no conoció mi ternura.

Escribe de vez en cuando
una carta para él,
que entenderá tus razones
y guardará tu papel;
y aunque jamás tú le escribas,
conservará tus misivas;
pues te aseguro, traviesa,
que, aunque jamás yo le vi,
presiento, heredó de mí
imaginación y tristeza.

Aunque aquello, mi pequeña,
no te quería contar,
mas al haberte contado,
mi secreto en ti he dejado,
en ti mi mayor pesar.

EL DÍA DE LA PAZ

Qué hermoso que fuera
que este mundo viviera
unido, sin fronteras,
sin odios, sin banderas.

Tendamos nuestras manos
a todos los humanos;
que muera el egoísmo,
el falso patriotismo.

Si siempre es el soldado
el más comprometido,
pelear nunca ha deseado,
matar no ha decidido.

Dejemos como herencia
amor y no violencia,
que ya no sea el perverso
el rey del universo.

¿Por qué, por un pigmento
de piel o pensamiento,
combaten como fieras
en todas las esferas?

¿Por qué, por ambiciones,
se enfrentan las naciones,
dejando en el camino
la sangre del vecino?

Hermanos y no extraños,
vivamos sin engaños,
logrando que en la tierra
se acaben ya las guerras.

Vivamos como amigos
y un día, al despertar,
seremos los testigos
del día de la paz.

A BAHÍA

Conociste de mi encanto y mi alegría,
fuiste testigo de lo intenso de mi amor;
en ti la dicha es más grande cada día,
no estar en ti es saber de la pena y el dolor.

Tu mar miró también, embelesado,
ese amor que me consume y que me mata;
a él mi pena y desventura le he contado,
le dije del dolor de mi existencia ingrata.

¡Ay, Bahía! Si en mi existir pudiera
posar en ti mis alas de ave herida,
por ese placer tan grande yo te diera
las horas menos tristes de mi vida.

PASÓ POR MI LADO...

Pasó por mi lado y vi en su mirada
que aún destilaba su alma dolor;
y yo que creía, y yo que pensaba,
que jamás me quiso, que jamás me amó.

Pasó por mi lado, me pidió un momento,
que oyera sus quejas, su amargo pesar,
y su voz sonora fue un frágil acento
que hizo que en mí despertara piedad.

Ella, que me dio tan amargos ratos,
que fue tan tajante al decirme adiós,
conserva escondidos todos mis retratos
y relee mis versos y los que ella escribió.

Pasó por mi lado, me habló de sus sueños,
que huyeron a prisa a un mundo de horror;
su mirar cansado, que ayer fue sedeño,
me enseñó, elocuente, su falta de amor.

Cuando quiso hablarme de nuestro pasado,
recordé su frase del postrer adiós
y dije, sin pausa, cual eco encontrado:
«Quedó en el olvido lo que nos unió».

Pasó por mi lado la que un día llenara
todos los vacíos de mi corazón,
y yo que la quise, yo que la adoraba,
no sentí al mirarla ninguna emoción.

AL MEJÍA

Instituto de grandes tradiciones,
quiero darte un altar en este día,
y que del alma broten oraciones,
oraciones de gratitud y de alegría.

Y que broten de la mente las memorias
de esos años vividos en tu entraña;
escenas favoritas de mi historia,
de una época sin manchas, que no engaña.

Ese tiempo de encontrar a los amigos,
de aprender con ellos lo malo y lo correcto,
de recibir de la anterior generación ese testigo
en la carrera de ganarle a lo imperfecto.

Y así crecimos, lactando los valores
de un Montalvo, de un Mejía Lequerica,
y es que fueron nuestros maestros los autores
de esa casta que en el mundo nos ubica.

Salieron de tus aulas defensores,
que escucharon de la patria su llamado,
y son ellos los cruzados forjadores
de esa herencia de gloria que han legado.

Al recorrer lo que tu historia encierra,
fue el gran Alfaro el que tu senda abrió,
y con el tiempo, Oriente, Costa y Sierra
el mejor del Ecuador te declaró.

Fuiste grande en todas las edades
y, como fuiste, por siempre lo serás;
y, a pesar de todas las maldades,
¡oh, gran Mejía, jamás sucumbirás!

FANTASÍAS ROBADAS

JORGE BONILLA ORDÓÑEZ

Ilustración de portada: Caleb Sebastián

A mis amigos:

(Aquellos que escucharon
mis silencios)

PRÓLOGO

Es un privilegio poder contribuir escribiendo el prólogo del poemario *Fantasías robadas* de Jorge Bonilla. Fue realmente una agradable sorpresa haber recibido el encargo de hacerlo, aun sabiendo que no soy precisamente poeta, sino un lector empedernido y, quizás, un aprendiz de escritor.

Intentando dimensionar la magnífica obra de Jorge, que, con su talento natural, nos tiene acostumbrados desde la juventud a admirar lo hermoso de la vida y sus esparcimientos, específicamente en el área del amor, que reluce en cada uno de sus poemas.

Jorge Bonilla, con sus 71 años, con una juventud acumulada admirable, nos recuerda, desde la portada de su libro, la vida en verso, su vocación literaria nacida de su imaginación y, sobre todo, de su sensibilidad, que realmente nos impresiona y nos estremece.

Cuando él escribe del amor, de la ternura, en el exterior impera la violencia, y el egoísmo es pregonado como el nuevo camino a la felicidad; nos habla de canturreos provenientes del corazón, cuando en el exterior predomina la indiferencia y el *quemeimportismo*; habla de la dicha y desdicha de amar, mientras afuera los intereses personales son privilegiados.

Escribe poesía y comunica su mundo interior, mientras afuera estallan los espectáculos acompañados de una modernidad regulada por el mercado.

En ese entorno, su poesía resulta enternecedora y visual, se traduce en versos hechos con sobriedad, eficacia y armonía, expresando tanto alegrías y goces como angustias que, en ocasiones, nos resultan interminables.

En esta sociedad donde la sensibilidad es escasa, estos versos son un verdadero bálsamo. Por ello, debemos agradecer al autor, ya que, a través de ellos, devuelve humanidad a nuestros instantes, alegría a nuestros espacios y, sobre todo, sentimientos proactivos hacia el amor. Nos transmite un claro mensaje que nos invita a reflexionar sobre nuestra vida cotidiana, muchas veces anclada a las rutinas y a la desesperanza.

Fantasías robadas es un canto al amor, porque Jorge expresa amor, ese sentimiento que nace de lo profundo de su corazón, que yace en su espíritu, que crece y alimenta, que perfuma y, a la vez, se afirma. Su esencia se remonta a su escuela primaria y luego al Colegio Mejía, donde nos conocimos y forjamos nuestros valores, los mismos que siguen resonando sutilmente, como dice en su poema *Al Mejía*:

> «*Instituto de grandes tradiciones,*
> *quiero darte un altar en este día,*
> *y que del alma broten oraciones,*
> *oraciones de gratitud y de alegría.*»

Jorge es de esos poetas para los cuales la poesía es la mejor manera de expresar sus sentimientos. Sus versos evidencian la vida, los sinuosos caminos por donde transita el amor.

Desde la palabra, entre sus múltiples significados, se encierran formas simbólicas que alimentan un silencio trascendente. Su poesía se apoya en el silencio para progresar allí donde el tiempo se anula en la virtualidad del lenguaje. Es una poesía que se va construyendo con las cosas sencillas y simples; historias contadas por sus amigos que Jorge transforma en poesía, tratando de no cambiar la trama ni el desenlace. Él mismo nos dice: *«Es el mismo drama, pero relatado como yo lo viviría»*.

El gran mérito de su obra es su sencillez. La virtud de quienes cantan al amor es que nos ayudan a descubrir aspectos imprevistos de la existencia, permitiendo adentrarnos en la sabiduría del amor.

Fantasías robadas, además de canto literario, es un camino hermoso, transitado y testimonial, gratificado por la devoción. A través de las palabras, los susurros, los sentimientos y emociones, organizados en poemas escogidos, poemas de amor y poemas varios.

Jorge escribe y piensa sin desear ser elogiado, recordado o admirado. Escribe con amor y ternura, pues sus poemas son vivencias de sus amigos, y nos dice que, de testigo, se convirtió en protagonista. *«No cambio nada, solo pongo intensidad en mi relato»*, menciona con humildad. Se complace porque estas historias de sus amigos son el reflejo fiel de cómo se desarrolla la vida en el entorno del amor, donde los matices le dan particular fuerza, entereza y vitalidad, una vez transformados en poesía.

Al evocar estos maravillosos versos, nos acercamos a compartir, como lectores, la convicción de que el amor todo lo puede, todo lo supera, todo lo cambia y lo mejora.

Quedémonos con el aroma de estos poemas, extrayendo algunos fragmentos de su obra:

«El amor que se lo lleva en el alma y en la mente;
cuando un ave forma en otro árbol un nido,
es que el otro nido el viento arrasó.»

«Yo te invito a inventar fantasías
que nos salven del dolor,
y que el sol me sorprenda en cada aurora
apasionado y tierno, haciéndote el amor.»

«Tan solo la sombra que te acompaña
y comparte la vivencia,
de momentos breves y de prisa,
saturará la existencia de dolor, alegría, llanto y risa.»

«Busco en las tinieblas una luz a mi destino,
con el pecho destrozado y el espíritu oprimido,
entre ruinas y entre escombros he de hallar ese camino,
que sea de esperanza, que sea el alfa del olvido.»

«Quisiera ser el árbol que te ampara,
la sombra que te acompaña y te persigue,
quisiera ser tu amanecer, tu aurora,
consuelo tibio que el dolor mitigue.»

«Porque me pregunto: ¿tantas veces
malogramos la dicha atesorada?
Si el amor crecía,
¿por qué todo se perdió en la nada?»

«Náufrago fui en el mar de tu inconsciencia,
pero aún vivo, no estoy muerto,
sigo con fe en la búsqueda del puerto,
que borre de mí tu gris presencia.»

Con el aroma que deja una poesía bien lograda, cierro este prólogo, que espero incentive la lectura del poemario de mi compañero y entrañable amigo, el gran poeta Jorge Bonilla.

—CATÓN OLMEDO TOLEDO

FANTASÍAS ROBADAS

Todos los versos de esta lista
son historias que me cuentan los amigos.
Yo las cuento a mi manera y, de testigo,
me convierto en principal protagonista.

Todo es igual en los actos del teatro,
no cambio desenlace ni cambio la trama;
la misma historia, el mismo drama,
solo pongo intensidad en mi relato.

Yo las llamo robadas fantasías,
y las siento, de verdad, intensamente.
Las grabo y las repito aquí en mi mente,
mas de la forma en que yo las viviría.

Son amores secretos, prohibidas aventuras,
confidencias que se viven en la alcoba.
Mi fantasía se apodera, se las roba...
Encuentra, amigo, tu historia en la lectura.

FANTASÍAS

Yo sembré en tu vientre fantasías,
en tu seno cobijé mi último llanto.
Bebí en tu cuerpo mi dolor y mi alegría,
fue tu lecho el ritmo de mi encanto.

Tus labios, navegantes del vacío,
absorbieron del placer la miel, la esencia,
y tus manos modelaban el estío,
que marcaba el inicio de tu ausencia.

Y fue tu noche la cruz de mi lamento,
el origen de un recuerdo del mañana,
y la esperanza que sembré en el viento
se marchitó en la sombra de una vida vana.

Hoy que grito en silencio mi congoja,
que es el frío mi estandarte y es mi abrigo,
miro mi vida que, cual árbol, se deshoja,
sin una voz, sin consuelo, sin testigo.

MADURA DESNUDEZ

Amor, que de tiempo y distancia te alimentas,
llevas dolor como marca, sin olvido.
Me he empapado de tu noche y hoy me alientas
a seguir en tiempo y distancia sumergido.

Recordar, grata razón de un mundo incierto,
tu madura desnudez en mí prendida,
de tus pezones el sabor embriagador y el huerto
de tu vientre, de tu sexo, de tu herida.

Con ternura y pasión en ti he dejado
la semilla de un amor sublime y puro,
que permanece entre la sombra, oscuro,
ocultando sus vivencias cual pecado.

Ámame así, con ese amor prohibido,
que crece y mora lejos de la gente,
que el amor verdadero no hace ruido,
se lo lleva en el alma y en la mente.

MÍA

Mis manos, que con ansias en tu cuerpo galopaban,
blandas y tiernas tejían tus cabellos;
con las ansias de las mías se encontraban
y acunaban de tus pechos los frenéticos destellos.

Mi piel sedienta, que en la tuya descubriera
la generosa fuente de amor y de ternura,
ahogó en ella su placer, pues su quimera
cristalizó, asfixiando mis cansadas amarguras.

Mi boca, que tu boca le enseñara
la oración fecunda de la entrega,
apuró de tus surcos, de tu ara,
cosecha lapidaria, que la vida niega.

Y la noche, nuestra noche de pasiones,
se inundó de fantástica alegría,
inyectando en mi conciencia las razones
de que llegaste de otro, mas partiste mía.

ETERNA NOCHE

No sé por qué, cuando la noche llega,
tus formas vienen a adueñarse de mi mente,
y revivo de tu cuerpo aquella entrega
y ese ritmo acompasado de tu vientre.

El sabor del néctar que su seno emana
juega en mis labios, salvaje, belicoso,
y cuando el sol penetra a la mañana,
mis fibras penetran tu poro generoso.

En mí, el instante en que fuiste mía,
cuando el tiempo detuvo su carrera,
que, al proteger nuestro espasmo y agonía,
nos envolvió, de placer, en una esfera.

El perfume de tu carne tentadora,
que derramó en la mía su aroma con derroche,
viene a decirle a mi recuerdo en esta hora
que volveremos a vivir la eterna noche.

FUI DE TU CUERPO...

Fui de tu cuerpo el huésped anhelado,
aquel que desnudara tu silencio amargo,
quien despertara de tus horas el letargo,
ese letargo confundido en el pasado.

De tu río de pasiones fui el caudal,
fui ceniza en el fuego de tus ansias,
acompañé tu soledad a la distancia,
fui el eco de tu sueño sin final.

Pinté el perfume de tu noche breve,
de tu fatiga fue mi piel reposo,
a tu deseo contenido le di gozo,
fui ardiente sol que diluyó tu nieve.

Fui dulce dolor en el supremo instante,
fui lluvia tierna que regó tu prado;
fui la fuente de placer en tu pecado
y en las tinieblas de tu llanto fui tu amante.

AMIGA DE MI PENA

Enséñame a vivir, amiga de mi pena,
ayúdame a olvidar mi angustia, mi tristeza.
Libera mis sentidos, arranca mis cadenas,
que quiero acariciar tu cuerpo con tibieza.

Transpórtame a ese mundo por nadie conocido,
que quiero que tú seas mi brújula, mi oriente.
Asfixia mis prejuicios, condénalos al olvido
y amémonos cual fieras, a espaldas de la gente.

Dame el perfume de tu carne no estrenada,
envuélveme en ardientes alientos y gemidos.
Regálame tu noche más oscura y callada,
que mi pasión la adorne con luces y sonidos.

Que quiero recorrer tu desnudez en flor
y llegar con mi calor hasta tu orilla;
yo he de ser ese amante labrador
que siembre en tu surco mi semilla.

AMANECÍ EN TU PIEL...

Amanecí en tu piel, en tu figura,
bañado de tus lánguidos gemidos.
Recompensaste mi pasado de locura,
reflejando tu amanecer en mis sentidos.

En la mansedumbre de tu gris mirada
navegó mi ideal sin rumbo cierto,
y abrigando mis llantos en la almohada,
anclé mi nave en tu vientre, mi gran puerto.

De la mano y sin palabras nos contamos
cómo juega el espacio con las horas,
y, vehementes, la savia del amor regamos
en la secreta habitación de nuestra aurora.

En otros viernes que los dos faltemos
y las sábanas extrañen tu hermosura,
en otros brazos, tal vez, recordaremos
que amanecí en tu piel, en tu figura.

SEÑORA DE EDAD...

Señora de edad, que hoy llena mi vida,
que calma y consuela mi álgida queja,
que su fuego enciende mi pasión dormida,
convierta mi angustia en vivencias viejas.

Señora de edad, que brinda su encanto
a este triste humano perdido en las brumas;
yo quisiera amarla con rabia, con llanto,
y ver que mis penas se van como espumas.

Señora de edad, señora ternura,
yo quiero en sus brazos cumplir mi condena,
dejar en sus noches mi gran amargura
y hacer de su cuerpo mi diaria faena.

Señora de edad, señora tristeza,
que lleva en el alma también una herida,
yo quiero brindarle mi amor, mi tibieza
y aferrar por siempre mi vida a su vida.

Señora de edad, busque aquí en mi pecho
su fe, su esperanza, su felicidad;
que su seno sea mi mullido lecho
y olvidemos juntos, señora de edad.

VEN Y OLVIDEMOS...

Ven y olvidemos lo que dice el mundo,
que pretende juzgar nuestras edades.
El amor, bien mío, es tan profundo,
no lo detienen las humanas mezquindades.

Son necedades de la envidia y el despecho,
que gente ratonil ha provocado.
Esos rumores no alcanzan nuestro lecho,
donde el amor y la pasión hemos sembrado.

Demos la espalda a esa torpe gente,
que mira nuestro amor como un pecado.
Es que ignoran aquellos inconscientes
que el amor es el sentimiento más sagrado.

Ven, mujer, que de tu cuerpo estoy sediento
y que calme tu sed el cuerpo mío.
Ven y hagamos eterno este momento,
dame el calor de tu piel, que tengo frío.

QUISIERA DECIRTE...

Quisiera decirte, mi querida amiga,
que te amo con ansias, con furia escondida,
mas sé que hoy hay otro que tu cuerpo abriga,
esposo y amante, señor de tu vida.

Quisiera decirte adiós, ya no puedo
seguir soportando esta lenta muerte,
mas todo lo callo porque tengo miedo
de que tú me abandones, no quiero perderte.

Mi mente me dice que tú eres ajena,
el alma me grita que tú has de ser mía;
te siento tan dentro, corriendo en mis venas,
que espero, en silencio, que llegue aquel día.

Yo sé que mi anhelo es amargo, incierto,
que no hay horizonte preciso y sereno;
yo sé que agonizo, tal vez ya estoy muerto,
pero yo he de amarte por siempre, sin freno.

TU CUERPO

Así, desnuda, como yo te imaginaba,
absorbiendo mi marchita desnudez,
me entregaste tu cuerpo que buscaba
consumir del placer hasta la hez.

Y, destilando tu caricia ardiente,
abrigaste mi piel con tu calor;
me entregué con mi pasión creciente
y de tu cuerpo me quedé con el sabor.

Tu cuerpo, que adoré por ser tan mío,
cuya forma ondulante está en mis manos,
fue mi ruta, mi montaña, fue mi río,
fue el refugio que hoy busco en vano.

Tu cuerpo, que en tu alcoba fue mi abrigo,
tu cuerpo, de mi cuerpo compañero;
en la vida fue mi sombra, fue mi amigo,
y hoy recorre tu cuerpo otro sendero.

VUELVO A NACER

Lo nuestro es historia de épocas remotas,
historia que un día dio su marcha atrás;
la viste alejarse como una gaviota,
que sola y perdida jamás volverá.

El ayer no vuelve cuando se ha perdido,
ni el amor regresa si ya se marchó;
cuando un ave forma en otro árbol nido,
es que el otro nido el viento arrasó.

La mente es muy frágil y a menudo olvida
pletóricos ratos de placer sin par;
el amor existe mientras haya herida
y el tiempo ha logrado la mía curar.

Ahí van mis recuerdos en pos de la oscura
región del olvido para no volver;
se van mis dolores, llantos, amarguras,
y siento en el alma que vuelvo a nacer.

CENIZAS

Todo ha cambiado, compañera de otros días,
los que entonces se adoraban son distintos;
dejamos ir el amor por cobardía
y solo nos queda la costumbre del instinto.

Ya todo se perdió, la lucha es vana,
no lograremos recobrar lo que se ha ido,
pero queda en mi mente esa mañana,
el primer paso del camino recorrido.

Jamás olvidaré la vez primera
que acuné tu desnudez con mi ternura,
cuando ese sol que ya anunciaba primavera
curioso entraba por la alcoba oscura.

Y volvimos a esa alcoba, el calendario,
testigo fiel de nuestro amor prohibido,
marcó las fechas en que nuestros cuerpos, sin horario,
se fundieron anhelantes, encendidos.

Pero un amor que provoca desvarío,
que vive sin distancias, muy a prisa,
el fuego lo consume, ángel mío,
y lo que queda del fuego son cenizas.

TE EXTRAÑO

No cura el tiempo mi pasión tan loca,
que se ensaña día a día con mi ser;
si en tu cuerpo llevas la marca de mi boca,
mis labios guardan la dulzura de tu piel.

Es que extraño tus caricias en el lecho,
tus gemidos, tu agonía peculiar,
tus gestos graves y tus ojos al acecho
del supremo instante y cerrarlos al final.

El olor de tu piel echo de menos,
el sonido que al caer hacia tu falda;
extraño la blancura de tus senos
y el hundir de tus uñas en mi espalda.

Y mis manos, viajeras mariposas,
extrañan tu singular anatomía;
mi boca extraña el néctar de tu rosa,
extraño el todo que me diste un día.

TE INVITO A PECAR

Caricia nueva te invito, sin agravios,
a pecar sin ambages, sin escudos,
que recorran sedientos nuestros labios
por nuestros cuerpos frenéticos, desnudos.

Yo te invito a inventar, hora tras hora,
fantasías que nos salven del dolor,
y que el sol me sorprenda en cada aurora,
apasionado y tierno, haciéndote el amor.

Yo te invito a caminar por mis deseos,
a disfrutar los goces del placer,
y que sientas en el dulce balanceo
mi piel ardiente muy dentro de tu piel.

Yo te invito a poner en cada beso
todo el fuego que emana de tu ser,
y en los instantes de agonías y de excesos
grite, salvaje, tu esencia de mujer.

SIN EMBARGO... ME PREGUNTO

El amor se escapa lentamente entre tus dedos,
cual agua fresca que en su curso avanza;
en tu alma llevas, cual coraza, el miedo,
miedo que hiere mi sueño, mi esperanza.

Y, sin embargo, sé que cuando estás a solas
piensas en mí y te dominan mis amores;
me ves llegar cual turbulenta ola,
que penetra en tu ser, que vence tus pudores.

Y es para ti tan cierto ese momento,
que me nombras en tu loca algarabía,
y me sientes presente en tu aposento,
recorriendo con ardor tu anatomía.

Y, sin embargo, cuando estamos juntos,
se va el amor, se nos escapa de las manos,
y con pesar, entonces, me pregunto:
¿por qué somos absurdos los humanos?

EN TU PIEL

Soy el pecado
que viste tu cuerpo;
soy el deseo
que baña tus ansias;
soy el placer
que inicia en tu pelo,
el grato sendero
hasta tus fragancias.

Soy el tibio beso
perdido en las sombras;
soy el embeleso
sembrado en tu ser;
soy ese recuerdo,
que, aunque no me nombres,
vivirá vibrando
por siempre en tu piel.

SERÉ TU SOMBRA

Yo seré, aunque tú no quieras,
aquella voz que llega hasta tu puerta,
seré tu noche llena de quimeras,
alborada clara que tu ser despierta.

Estaré en el agua que tu cuerpo baña,
estaré presente en las prendas con que vistes,
seré el latido que crece en tus entrañas,
tentación constante que tu alma resiste.

Me verás rondar los mismos lugares
que en tiempos pasados recorrimos juntos
y, aunque olvido busques por extraños lares,
sentirás la huella del beso difunto.

Aunque estés distante, en todo momento,
yo seré tu sombra y jamás olvido;
podrán arrancarte lo que hemos vivido,
pero yo no paso fugaz como el viento.

SIN PRISAS

Clavó, sin prisa, su mirada clara,
despertó, con ansias, las horas dormidas;
como si se diera, cual si se entregara,
y quedé marcado por toda la vida.

Me dio, en ese instante tan corto y eterno,
sus miedos, sus dudas, hasta sus anhelos;
y yo, que arrastraba a cuestas mi infierno,
poseí un segundo la gloria y el cielo.

Cual límpida aurora que mágica llega
a llenar de luz todos los rincones,
así su mirada, cual agua que riega,
cubrió, lentamente, todas mis regiones.

Yo vi en su mirada mi fe, mi destino,
mi dulce esperanza, la meta dorada;
mas la vi alejarse por otro camino,
así como vino, sin prisas, callada.

SIN MIRAR ATRÁS

Llegó a la puerta de mi agitada existencia
en el instante álgido y preciso,
en que se debatía en la violencia
de expulsar para siempre mi suplicio.

Llegó también con su equipaje de tristezas,
quiso a mi lado desterrar su gris ayer;
tan ingenuos, ignorando esa maleza,
que crecía, sin piedad, hasta en la piel.

Me dio, en verdad, momentos encantados,
fue solidaria a mi dolor, a mi lamento;
mas qué ironía, esa maleza del pasado
devoró esperanzas, sueños, sentimientos.

Y hoy ha cruzado por la misma puerta,
sin rumbo fijo, sin mirar atrás,
llevando y dejando heridas abiertas,
que quizá ni el tiempo las logre curar.

ESE EXTRAÑO SENTIMIENTO

El amor, ese extraño sentimiento,
que nos mata o resucita en un instante,
que nos hace construir nido en el viento,
asoló mis proyectos de gigante.

El amor, sensación más bien oscura,
que permite avanzar contra corriente,
que nos envuelve en mágica locura,
la semilla del dolor sembró en mi mente.

El amor, ese huésped codiciado,
que redime, que nos salva o nos condena;
el amor, de mi vida el gran pecado,
hoy, por ti, mi espíritu envenena.

El amor, horizonte en mi existencia,
luz sedeña que alumbra mi camino;
el amor, que hoy me arrebata tu presencia,
ha enlutado, con saña, mi destino.

COMO LA NIEVE

Tu silencio en las tinieblas me ha dejado,
me ha encerrado en un mundo de torturas;
trocó mi dicha en frenética amargura
y ese sueño que sembré se ha marchitado.

Quise darte y encontrar en ti la calma,
quise hacer nuestro motivo dulce, eterno;
solo tormentos, sin embargo, hay en mi alma,
y he caído en el fondo del infierno.

Dibujé mi mañana en tu sonrisa,
esculpí mi despertar en tu mirada;
mi anhelo fue una pluma que la brisa
arrastró, sin compasión, hacia la nada.

Tu insensible corazón, que ha provocado
mi partida, ni se agita ni conmueve;
yo soy ardiente como el fuego y el pecado,
tú eres fría como un témpano de nieve.

MIS MANOS VACÍAS

Mis manos, que aleteaban por tu vientre,
buscando un surco donde dejar mi siembra,
hoy vacías, sin destino, entre la gente,
guardan el molde de tus líneas de hembra.

Mis manos, que galoparon tus distancias,
que buscaron en tus ángulos sosiego;
mis manos, que conservan tu fragancia,
perdidas van, sin un guía, como un ciego.

Mis manos, que se posaron en tu pelo,
que aprendieron el erótico lenguaje,
que tu cuerpo me enseñaba en su desvelo,
añoran de tus formas el paisaje.

Mis manos, que ascendieron a tus senos,
que se erguían al contacto de mis dedos,
por tus laderas se desbordaban ya sin freno,
sin conocer de temores ni de miedos.

Mis manos, que aferradas a tu piel,
calor te dieron en las noches frías,
recorrieron tus lienzos cual pincel,
hoy mis manos, sin tu cuerpo, están vacías.

Y AL FINAL

Yo navegué, sin rumbo, por los mares
de tu cuerpo, de tus ansias, de tu encanto,
y al final de las jornadas, los pesares
me han dejado esta angustia y este llanto.

Mis pasiones conjugaron tus pasiones,
mi deseo se amoldaba a tu cintura,
y al final me han dejado tus razones
solo penas, soledades y amarguras.

Yo trepé tus colinas, tus gemidos,
fui tu grito salvaje y satisfecho,
y al final, perjura, me has herido,
me has dejado el corazón deshecho.

Yo fui esa muerte pasajera,
yo fui el tiempo que detuvo tu agonía,
y al final tu locura verdadera
era de otro, si nunca fuiste mía.

EN TUS VENAS

Las mismas palabras de ternura,
que un día murmuraste a mis oídos,
las oye él, con singular dulzura,
sin saber que es un eco repetido.

Las mismas caricias, los mismos gemidos,
que un día me diste en tu lecho ardiente,
le das con locura, mientras el olvido
me borra para siempre de tu mente.

Hoy lo llamas como me llamabas,
las mismas promesas y los juramentos,
le juras a él como me jurabas,
las mismas mentiras que se lleva el viento.

Has logrado una copia en tu existencia,
como eslabones que forman la cadena,
mas con nostalgia sentirás la diferencia,
esa ternura que sembré en tus venas.

FRÍOS RECUERDOS

Los recuerdos que mi mente cubre
se irán conmigo a la mansión postrera,
como el día de aquel frío octubre,
que tu cuerpo poseí por vez primera.

Tan solo me acompañan las vivencias
de momentos tan breves y de prisa,
que, sin embargo, saturaron mi existencia
de dolor, alegría, llanto y risa.

Están mis manos impregnadas de tu piel,
y guardo en mi boca el néctar de tu seno,
esa esencia con sabor a miel,
que embriagó mi espíritu sereno.

Grabado está tu rostro asustadizo,
cuando llegaba insano el mágico momento;
ese instante sublime, quizá ni el paraíso
podría regalarte, me decía tu acento.

Palpitan en mis manos las curvas de tu cuerpo,
el fuego de tu vientre se funde con el mío,
imágenes que quedan perdidas en el tiempo
y dejan en mi alma la soledad y el frío.

SI PUDIERA...

Si pudiera olvidar mi cruel presentimiento,
si pudiera borrar esa hoja tan oscura,
si quitara al amor conocimiento,
te amaría sin miedo y con locura.

Si no fuera vergonzosa nuestra espera,
si humillante no fuera tu pasado,
si cada vez que lo ves no te rindieras,
tú serías mi virtud y mi pecado.

Si ese final al alcance de las manos
no se alargara en pos de una esperanza,
si mi ternura y abnegación no fueran en vano,
sería ciclón de amor que en tu camino avanza.

Si mi mente en su dolor no alimentara
imágenes grotescas de tu entrega,
y que ahora no estás con él, yo no pensara,
mi pasión sería desbordante, mi fe ciega.

Si la razón de tu espera fuera amor,
si tu desprecio no dejara herida abierta,
comprendería lo que tú llamas temor
y llegaría nuevamente hasta tu puerta.

SOMOS

Somos eso que no se define ni declara,
somos el pecado que no se confiesa,
por eso no puedo decirte a la cara
lo mucho que duele perder tu tibieza.

Somos lo prohibido, somos lo secreto,
somos trago amargo, la pasión oculta;
los dos no constamos en algún libreto
que hable de moral, de buena conducta.

Lo triste de todo es que nunca ha habido
algo entre nosotros, ninguna palabra;
tú y yo lo sabemos y estará escondido,
estará vibrando por siempre en el alma.

Casi no nos vemos, pero cuando pasa,
en cada mirada se nos va la vida;
el deseo late, los ojos rebasan
y los dos callamos hasta la partida.

Somos ese amor perdido en la nada,
ese amor que sueña, que nunca reclama,
pero que anhelamos en cada mirada,
tener de pasión nuestra propia llama.

FE DESOLADA

Enlazados en la alcoba, ya desnudos,
vibrando de pasión hasta el delirio,
comprendí que, si ayer yo fui tu escudo,
hoy solo soy tu llanto y tu martirio.

Fue el dolor única herencia de los años,
que nuestras almas y cuerpos comulgaron;
solo quedan rencores, desengaños,
de las horas que se fueron, que fugaron.

Estoy perdido, sin rumbo, en el camino,
un camino nunca antes recorrido,
tan extraño, tan falso, tan mezquino,
por el que intento llegar hasta el olvido.

Hoy lo sé, fueron vanos los intentos,
para volver al pasado ya es muy tarde;
el amor es intangible como el viento,
si solamente un alma es la que arde.

No pudimos dar vida al tiempo muerto,
quedó la fe desolada, está perdida;
revivamos esa fe en otro huerto
y esperemos que sanen las heridas.

APAGADOS FULGORES

Ya brotó del amor la última gota
y en el vacío de un pozo sin fondo, mi derrota
cae impura, envuelta en el hastío,
sin un eco de amor ni desvarío.

Ya la paciencia del amor se agota,
en su impotencia el verbo queda mudo;
la esperanza es ave con las alas rotas,
que arrastra el vendaval terrible y rudo.

Ya no hay consuelo, está viejo, está dormido,
y un adiós en el ambiente flota,
cual hoja al viento vacilan los sentidos
y una lágrima cansada el alma brota.

Ya el delirio, en fiebre convertido,
borra la imagen que exaltara un día;
ya la copa del placer se ha consumido,
su licor ya no embriaga, está vacía.

Ya el éxtasis del alba de tus ojos
no conmueve mis fibras interiores;
solo quedan en mí tristes despojos,
se apagaron, se extinguieron mis fulgores.

DESEOS

Quisiera ser aquel que, en las ausencias,
tu mente ocupa y se apodera de tu ser;
el néctar de tus horas, ser tu esencia,
de tu cuerpo quisiera ser la piel.

Quisiera ser el perfume de tu huella,
quisiera ser tu más valioso empeño;
ser tu guía, tu horizonte, ser tu estrella,
de tu alma y pensamiento ser el dueño.

Quisiera ser el árbol que te ampara,
la sombra que te acompaña y te persigue;
quisiera ser tu amanecer, tu aurora clara,
consuelo tibio, que el dolor mitigue.

Quisiera ser descanso a tus rigores,
quisiera ser tu historia más querida,
mas mis deseos alentaron tus rencores
y en la pendiente del dolor rueda mi vida.

NUEVO AMANECER

En la hora álgida y tortuosa,
cuando un final rondaba nuestras vidas,
encendiste un faro en mis sombras tenebrosas
y frenaste el impulso en mi partida.

Quizá fue que por vez primera
me diste tu alma rebelde y escondida
y, aunque la duda vibraba, loca y fiera,
encontramos una ruta, ayer perdida.

Fue un secreto, un misterio descubierto,
algo inefable, sin concepto ni argumento;
un tabú, un imposible se hizo cierto,
que inyectó en los dos un nuevo aliento.

Ya no tuvo sentido lo prohibido,
fue un reto a la cordura, a la razón;
un nuevo amanecer, un nuevo nido,
una entrega total, sin condición.

Derrumbamos con coraje las barreras,
el veneno del rencor atrás quedó;
vamos juntos por la vía, sin fronteras,
el miedo de la duda se alejó.

PREGUNTAS

¿Por qué detuviste en mis ojos tu mirada?
¿Por qué cruzaste promisoria en mi sendero?
¿Por qué cambiaste el ritmo en mi jornada,
si habrías de asolar mi sueño entero?

¿Por qué le inventaste este sueño a mi mañana?
¿Por qué creaste una meta inalcanzable?
¿Por qué tu voluntad en esperar se ufana,
si llevas en el alma un jamás inapelable?

¿Por qué alimentas mi sangre de esperanza?
¿Por qué izaste en mi espíritu la fe?
¿Por qué moldeaste una ilusión que no se alcanza,
si no aprendiste a amar lo que yo amé?

¿Por qué me hiciste recorrer la fantasía,
que en ti no tuvo ni raíces ni semillas?
¿Por qué me contagiaste, mujer, con tu alegría,
si tu vela ya soplaba hacia otra orilla?

¿Por qué aleteaste la querella de los celos?
¿Por qué embrujaste mi ansiedad con tus excesos?
¿Por qué tu luz iluminó mis duelos,
para hacerme mendigo de tus besos?

ESA ROSA

Yo siento en mis noches las espinas
que esa rosa, con sus pétalos mojados,
me clava con sus cóleras mezquinas,
dando a otro su momento perfumado.

Esa rosa de tenues coloridos,
que tembló alguna vez a mi contacto,
hoy me niega su perfil más conmovido
y tiembla de placer con otro tacto.

Esa rosa que destila miel
da su dulce sabor a otra boca;
impregnada se quedó en mi piel
y hoy mi nostalgia, sin cesar, la evoca.

Esa rosa vespertina y primitiva,
que da al sentido aroma diferente,
en otras manos se estremece altiva
y es, a mi roce, fría e indiferente.

A esa rosa que mis ansias arrebatan,
yo la busco en vano en mi vibrar constante;
a mí me niega la vida, a mí me mata
y le da a otro su mejor semblante.

Ella abrió el cortejo de mis penas,
de mis pasados llantos y mis dudas;
siendo mía, es distante, es ajena
y a otro se entrega natural, desnuda.

ELLA SERÁ

Cuando se vaya, la buscaré por los lugares
que nos vieron locos de alegría,
y brotará mi llanto, porque en otros lares
y en otros brazos la verán un día.

Y la veré, sin embargo, aunque esté ausente,
en los brazos tiernos de una madre ufana,
en la sonrisa de un niño que, inocente,
saluda la esperanza de un mañana.

Será la luz que, al entrar por mi ventana,
anunciará, sin emoción, que en el pasado
olvidada quedó nuestra ilusión temprana,
sin recoger el fruto en ese ayer sembrado.

Será el otoño y la hoja vacilante
que cae sin rumbo del árbol desprendida;
yo seré el árbol y el suelo el nuevo amante,
que la espera y la acoge, ya vencida.

Estará en las calles, en cualquier esquina,
la veré en los objetos cotidianos;
la sentiré en la rosa y en la espina,
en la negada caricia de sus manos.

Será la nieve del invierno, será el frío;
estará en el tiempo, en la lluvia, en el verano;
la sentiré en mis cansancios y en mis bríos,
en el eco de un sueño cándido y lejano.

La sentiré en las tinieblas de la noche,
en las voces que se mecen en mi oído,
en los gestos de sus íntimos reproches,
en el silencio que azota mis sentidos.

Ella será mi trayecto, mi sendero,
el papel donde mi verso escribo;
mi decadencia, mi éxito cimero,
si muero por ella y por ella vivo.

¿POR QUÉ?... ME PREGUNTO

Si un día decidimos, sin presiones,
andar el camino que escogimos juntos,
¿por qué ese camino, lleno de ilusiones,
se fue llenando de espinas?, me pregunto.

¿Por qué, si comunes eran nuestras metas,
si fe y esperanza llenaban el alma,
la experiencia fue mala receta,
que no pudo darnos confianza ni calma?

¿Por qué, si en un tiempo no existió medida
para nuestro amor que vivió la gloria,
todo se complica, se apagó la vida
y ya es un pasado nuestra vieja euforia?

Si nuestra pasión fue constante fuego,
que no lo apagaban ni vientos ni brisas,
que se haya gastado, a creer me niego,
y hoy solo hay residuos de frías cenizas.

¿Por qué, si el perdón era nuestro emblema,
que tierno aliviaba humanos dolores,
se endurecen las fibras, las venas,
y hoy solo se anidan ingratos rencores?

¿Por qué?, me pregunto tantas veces,
malogramos esta dicha atesorada;
si el amor crecía, lo dimos con creces,
¿por qué ese todo se perdió en la nada?

A VECES

A veces la duda en mi alma se enciende,
cuando tu soberbia me sume en las sombras;
me das el motivo, pero no lo entiendes,
te extraña mi pena, mi dolor te asombra.

A veces el miedo en mi ser se anida,
el miedo iracundo de un día perderte,
y al pensar en ello se me va la vida,
se me van las fuerzas y siento la muerte.

A veces quisiera que estés en mi pecho,
cuando tu altivez sin causa me hiere,
y puedas sentir, como trecho a trecho,
este amor inmenso que cada día muere.

A veces presiento en mis soledades
que tu amor no existe, que nunca existió,
y mi alma se agita en sus tempestades,
me invade la angustia por tu desamor.

A veces pregunto si este sentimiento,
que llena mi vida, tú te lo mereces,
y hay una tormenta en mis pensamientos,
por esas preguntas que yo me hago, a veces.

CUANDO MI PIEL...

Cuando mi piel se abriga con la tuya,
cuando tu piel se abriga con la mía,
el deseo de estar juntos nos arrulla
en un mundo de placer y fantasía.

Cuando beso tu cuerpo perfumado
y me pierdo en el viaje hasta tus senos,
no hay momento más sublime ni encantado
que el descender por tu cuerpo ya sin freno.

Cuando tu vientre reacciona a mis caricias
y se mueve como un mar enfurecido,
en ese instante disfruto las delicias,
oyendo la música que producen tus gemidos.

Así como el sol penetra la noche
para iluminar esa región oscura,
así penetro tu cuerpo en un derroche,
en un éxtasis de delirio y de locura.

Y en un vaivén de emociones, nuestros vientres,
en uno solo se funden en su ardor,
y en un abrazo eterno nos sorprende
el momento supremo del amor.

DE TANTO CAMINAR...

De tanto caminar al borde del abismo,
nos precipitamos en él y, en la caída,
brotaron nuestros secretos egoísmos,
secretas quejas, que abrieron más heridas.

Afloraron del ayer resentimientos,
que guarda, sin querer, el subconsciente,
todos esos negros sentimientos,
que a la luz salen de repente.

Cuántas acusaciones, cuántas culpas desfilaron,
perdieron su equilibrio la paz y la armonía;
nuestros egoísmos del respeto se burlaron
y, desde entonces, el alma permanece fría.

Ya nada es natural, todo es distinto,
como hiedra se aferró la duda;
la capacidad de comprensión fue un laberinto,
la capacidad de perdonar quedó desnuda.

EXTRAÑO Y MISTERIOSO

El amor, tan extraño y misterioso,
nos conmueve hasta la fibra más profunda;
el sentimiento más noble, más glorioso,
flota en el alma, la rodea, la circunda.

Por él somos capaces de vencer dificultades,
de enfrentar la vida con empeño,
nuestros sueños tornar en realidades
y una simple realidad en dulce sueño.

Por el amor, el rencor se olvida,
o, por su causa, nada se perdona;
tiene el don de aferrarnos a la vida,
o sin él, la vida se abandona.

Con ternura calma las llagas del pasado,
el dolor alivia, hace el pesar ligero;
por las penas y dichas que me has dado,
extraño y misterioso amor, yo te venero.

HASTA QUE DECIDAS REGRESAR

Un tatuaje en mi alma, por tu ausencia,
con la tinta de mi sangre he de grabar,
y esconderé en mi pena tu presencia,
hasta que tú decidas regresar.

Mudaré mis nostalgias trasnochadas
y, recordando tu mirada, el día comenzaré;
y serán sin fin las madrugadas,
hasta que tú decidas regresar.

Anegaré mi caótica memoria
con vivencias que no pudimos realizar,
y acunaré día a día nuestra historia,
hasta que tú decidas regresar.

Viajaré por nuestra añeja geografía,
pondré al sol nuestros llantos a secar
y rescataré de nuestro ayer las alegrías,
hasta que tú decidas regresar.

Regaré de mis senderos las raíces
y, con paciencia, allí te he de esperar,
heridas transformando en cicatrices,
hasta que tú decidas regresar.

QUISE SER...

Yo probé del amor crueles rigores,
con llanto bauticé mis falsos pasos;
sembré amistad y coseché rencores,
aurora quise ser y fui un ocaso.

Sin rumbo rodé por los atajos
que cruzaron por mi gastada existencia;
la experiencia me enseñó con desparpajo
que es más feliz el que no tiene conciencia.

Sin lamentos deseché frutas prohibidas,
me di completo, no escatimé mi entrega,
ofrecí mi libertad, mi propia vida,
mi fe no miró el sol, estaba ciega.

Quise ser paz y fui tormenta,
por mis afectos al mundo fui juzgado;
respeto quise dar y solo afrentas
pude dar, sin cometer ningún pecado.

Quise ser alimento y fui veneno,
quise dar prosperidad y di miseria;
mas entendí que lo malo y que lo bueno
se adquieren a buen precio, como en feria.

SE ACABÓ EL TIEMPO...

Se acabó el tiempo que el tiempo nos brindara,
fue un suspiro el camino recorrido;
se apagó la luz que a nuestras vidas alumbrara
y hoy, sin ti, mi horizonte se ha perdido.

Se ha cubierto de sombras mi destino;
tú arrancaste de raíz los sentimientos;
el cansancio de vivir es como el vino,
que hoy embriaga mi llanto y mi lamento.

Aquel mundo que soñé de fantasía,
ese mundo que para nosotros inventé,
se fue muriendo como muere el día,
sin el consuelo de un nuevo amanecer.

No puedo entender cómo la alegría
queda en la memoria como horrible mueca;
una sombra oscura, agobiante y fría,
es la muerte misma, árida y seca.

Busco en las tinieblas una luz a mi destino,
con el pecho destrozado y el espíritu oprimido;
entre ruinas y entre escombros he de hallar ese camino,
que sea nido de esperanza, que sea el alfa del olvido.

MIS COMBATES

Por tu amor me has visto consumirme,
intentando cumplirte mis promesas,
pero el orgullo, engendrado en mi tristeza,
hizo mi corazón como la roca, firme.

Fui en tu espacio un humilde peregrino,
que arrastraba sus anhelos por el suelo,
mas la mirada fija en el azul del cielo,
con ansias busca esplendor en mi destino.

Por ti elevé en mi espíritu un santuario,
que adoraba mi torpe sentimiento;
te amé en vano, iracundo y sin lamentos,
y volvería a amarte si regresara el calendario.

Siendo altivo, por ti maté mi orgullo
y fui reposo, fui remanso, fui aliciente,
pero cambiaste de mis aguas la corriente
y hoy soy tormenta, cuando quise ser murmullo.

Siento en mi sangre rebelde el vocerío,
que se extiende salvaje como el fuego;
si ayer bajé la frente con mi ruego,
hoy me yergo ante el futuro, porque es mío.

Náufrago fui en el mar de tu inconsciencia,
pero aún sobrevivo, no estoy muerto,
sigo con fe en la búsqueda del puerto,
que borre de mi piel tu gris presencia.

El empuje de mi instinto es raudo río,
me forjé al borde del abismo;
podrá mi voluntad doblarse a tu egoísmo,
mas no la rompe, en mi coraje yo confío.

El reto de la vida en mi conciencia late,
no me vencen ni obstáculos ni penas;
soy soldado del dolor y, en esa arena,
he librado victorioso mis combates.